ごはんとセックスのおいしい関係

かよめし　ナチュラルセクシー

きむらかよ

みらいパブリッシング

地元の安心野菜は、なじみの八百屋さんで。
他愛もないおしゃべりも、気分転換のひとつ

「絵本からうまれたおいしいレシピ」
は、シリーズ累計 34 万部の大ヒット！

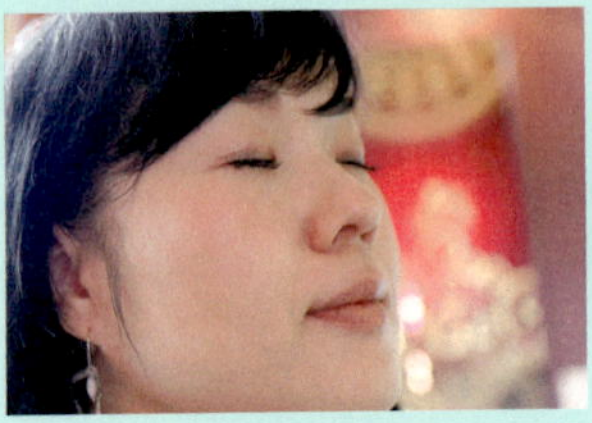

はじめに

ナチュラルセクシーになれたことで、私は人生を楽しんでいます。

はじめまして、きむらかよです。〝かよちん〟は、大人になってからの私のニックネーム。かよちんは、料理家であり、性愛セラピストでもあります。正確にいうと、㈳日本性愛セラピスト協会認定マスタートレーナーの資格者で、NLP（神経言語プログラミング）マスタープラクティショナー、プロコミュニケーターの認定者です。

長年閉じ込めてきた女性性を解放した先に、それらの学びと出合い、性愛と心理を扱うセラピストとして独立しました。〝ナチュラルセクシー〟なる概念を編み出したのも、このころです。そして、人間の3大欲求のうちの2つ、〝食〟と〝性〟のつながりが直結していることの驚き。そのどちらにも精通して、軽やかにしなやかにお伝えすることのできる人になりたい……。そんな思いから、「性愛セラピストかよちん」として活動を始めました。現在、各地で女性に向けた性のお話会や講座、起業したい女性に向けたネーミングコンサル、ナチュラルセクシーカウ

ンセリング、そしてかよちんの料理とトークを楽しんでいただくイベント「かよめし」を続けながら、日々、ワクワクとご機嫌を両手いっぱい抱えて過ごしています。
「料理家は分かるけど、性愛セラピストってどんなことをするの？」、そう思われる方も多いと思います。
明治維新前の日本は、性に対してオープンな文化を持っていたといわれています。けれども今の日本では、性を語ることは恥ずべきこと。決して表に出してはならないものという風潮があります。性は、りっしんべんに生きると書きます。これは、「心を生きる」とも読み取れます。

性愛は、命そのもの。命の輝きをさすのです。性愛のさすコミュニケーションは、セックスのことだけではありません。人と人が心を開いて交わし合う行為そのものも性愛なのです。たとえば、気心の知れた友人とオープンマインドで食べる食事。これも、解放感にあふれ、心の底から幸せになる行為です。私は、今を生きる女性たちに、植えつけられた**性愛への罪悪感を超え、食べる欲求を満たすことと同じように、性の欲求もナチュラルに見つめ、満たしてほしい**と思うのです。女性であるあなたが本来持っている女性らしい身体つき、女性ならではの豊かな感性。

それらをもう一度見つめ直して、ナチュラルセクシーな女性を目指しませんか？ ナチュラルセクシーになるために、年齢制限はありません！ 何歳でも、そしていつからでもナチュラルセクシーになることはできます。

この本では、私がナチュラルセクシーになって、より楽しみが増したお料理のレシピも紹介しています。〝食と性〟などと書くと堅苦しい印象ですが、どのお料理もおいしくていい気持ちにさせてくれて、心身ともに満たされるので、ぜひ気軽に作ってみてください。

そして、1日の終わりに「今日もご機嫌だった。ありがとう」とつぶやいて、3つめの欲求「睡眠欲」に浸ることができますように。

そしてこの本が、あなたの毎日に彩りを与えられますように。

愛をこめて

うるおう艶女の生き方料理人

きむらかよ

ごはんとセックスのおいしい関係
かよめし　ナチュラルセクシー　目次

第1章 食べることは生きること、性は心を生きること

第2章 エロスをスパイスに、〝食べる〟を楽しむ

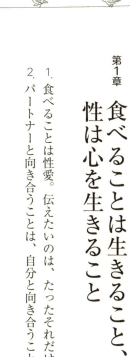

第3章　食べて、充たして、幸せになろう！ごはんを、からだを

第4章

ナチュラルセクシーになるために、実践したい艶女の秘めごと10

第5章

ありのままの自分にYES そのままのあなたを表現しよう

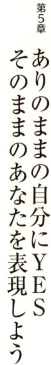

プロローグ
ナチュラルセクシーって何？

ナチュラルセクシーになると、こんないいこと①

♥綺麗になる。可愛くなる。

鏡の中の自分を、「今日もキレイだな、かわいいな」と本気で思えるようになります。

こんなことは、ナチュラルセクシーな女にとっては当たり前のこと！　私なんて、疲れたり、気分がしょんぼりしているときでも、鏡に映る自分の顔を見ては、「今日もこんなにキレイなんだから、大丈夫！」って、自分に励まされるくらい（笑）。

好きな男性や友達からキレイと思われたくて頑張るのは、ナチュラルセクシーにとってはムダなことです。だって、他人のためにあなたはキレイになりたいの？　自分自身が心の底から本気で「私は可愛くてキレイ」と思わなければ、本当のキレイとはいえないんじゃないでしょうか。

また、自信のある顔のパーツだけを出して嫌いなパーツを隠すのもＮＧ。大笑いして「楽しい‼」をさらけだしている自分を、美顔加工100％でSNSにUPしちゃうくらい大胆にするのがいいのです。なぜこんなことをいうのかというと、キレイになった自分の画像を毎日見ていると、実際の自分がどんどんキレイな自分に近づいていくから。

キレイと思われないと、私はモテないし好かれない。世間一般のかわいいじゃないと、みんなに受け入れてもらえない……。そのマインドこそが、私はキレイじゃない、可愛くないって認めていることの証。だから、いつまでたってもそのままなんです。

いちばん認めてほしいのは、鏡の前のあなた自身。どんな顔立ちでもどんな体型でも、「私はキレイ、私はかわいい」そう心から思ってほしいのです。そうすると、毎日がウキウキ・ワクワクしてきて、例えばぽっちゃりさんが着こなすボディフィットのワンピースだって「見て！　私のボディ魅力的でしょ♡」ってアピールしたくなっちゃうはずです。

ダイエットも整形も、今の自分をより高めるためにトライするなら、かよちんは大賛成。でも、まずは自分をまるごと肯定してあげることが大切だと思います。ナチュラルセクシーな自分であること。その土台がしっかりできていれば、キレイのヒントを楽しむ余裕が生まれるから、もしダイエットや整形が思いどおりにいかなくても、落ち込むことは少ないはずです。

「ナチュラルセクシー格言」
ナチュラルセクシーな女は、無理をしなくても、キレイでかわいくいられる

ナチュラルセクシーになるとこんないいこと②

♥色気のある女になれます。

実際のところ、すべての女性に色気は備わっています。女性のみならず男性も、そしてもっというなら、生きとし生けるものはすべて。だから、ことさらに私が「セクシー、エロス」なんて声高に言わなくても、私たちはあるがままに色気のある存在なのです。顔や体型の違い、醸し出す雰囲気や声、仕草もそれぞれに違って、それぞれに美しい女性たち。自分の色気に気づき、それを楽しめるような生き方、在り方を選

ぶことで、自己肯定感がＵＰします。そして女性である自分自身を愛おしく感じられるようになります。いつしか鏡の前の自分が大好きになるのです。大げさではなく、本当に。

40数年、私は女性であることを嫌だと思ってきました。わざと男勝りな口調で話したり、シックな色合いの洋服に身を包んだり、女の自分に見て見ぬ振りをしてきました。おそらく、そこには女性性のタブー視も背景にあったのでしょう。そんな私でしたから、自分の性の欲求を認めることは、女の私を認めてしまうこと。だから、とても抵抗がありました。過去に恋愛も重ねてきたのに、結婚して子どももいるのに……。

そうやって多くの葛藤や苦しみを抱えながら過ごしてきたあるとき、もう認めてしまおう！　と開き直りました。私は性欲のある女だ。人には話せないくらい、このみっともなさをセルフプレジャー（マスターベーションのこと）で癒していたり、セックスを求めてしまう汚ならしい女だ、と。けれども自己否定すればするほど、その苦しさを隠れ蓑にしていたといえます。

そんな自分を、勇気をもってパートナーに告白したとき、私はようやく自分の女性性を受け入れることができました。その瞬間から、目の前の景色が色づき、ようやく自分で自分をやさしく受け入れることができたのです。

善か悪か。それまでは二元論でしか物事を考えられなかった私が、初めて得た「3番目の自分」。このとき初めて私は自分の色気に気づくことができたのです。

これは、少し余談になりますが、いくつになっても自らの性を受け入れられない私のようなケースは、未だに親離れができていないことが多いといわれます（もちろんすべてではありません）。性エネルギーの発露である思春期に反抗期を経験して、未熟ながらも自己表現をしながら自分の軸で生き、成長できることは、人の成熟に重要な発達過程なのだということを、私は自分の経験から学びました。そんなわけで、とてつもない遅咲きでしたが（笑）、私は女である事実を発見しました。すると、類は友を呼ぶ。同類がまわりにたくさん現れたのです。それからは、「あれ？　私って当たり前だったの？」と拍子抜けする日々。「まぐあい仲間」と称した性を語り合える友達が増え、そしてその先に、性愛セラピストトレーナーへの道があったのです。

誰かに「色っぽいね」と言われても、自分が自分を受け入れていなければ、それは単にお世辞で終わってしまいます。世界中の男性すべてに言われるよりも、あなた自身があなたに掛けてあげる「私はキレイで色気のある女」のささやきのほうが、何十倍も何百倍も色気をあふれさせます。ナチュラルセクシーになってからは、自分にそんなつもりがなくても、色気を感じさせる存在になれました。内面からあふれ出す色気が、肌や髪を艶々にさせ、どんな化粧品よりもアンチエイジングの効果を発揮してくれているのかもしれません。

「ナチュラルセクシー格言」
どんな人にもある色気
今こそ降参して、ナチュラルセクシーの階段を上がってみない？

ナチュラルセクシーになるとこんないいこと③

♥とにかくモテます！

男性はもちろん、同性の女性からも、赤ちゃんからも、そして動物や植物からも（笑）。

その理由は、あなたが、あなたのまわりのすべてに感謝を抱く世界にいるから。ナチュラルセクシーになると、常にワクワク、少女のような好奇心を忘れず、見るもの聞くものを素直に受け取れるようになります。だから、誰からも愛されるのです。ただし、素直であるがゆえ、時には傷ついたり、悲しんだりすることもあるでしょう。けれども小さな傷にも気づける繊細さ。それは誰かに向ける思いやりや優しさに昇華されます。

「彼女といると元気をもらえる」、「彼女の明るさが好きだからまた会いたい！」あなたのまわりにも、そんな女性はいませんか？　それは、きっとナチュラルセクシーな人です。ナチュラルセクシーな女は、自然体でいるだけで、どこにいても、誰といても、人を引きつけてしまう魅力を持ち合わせているのです。

「ナチュラルセクシー格言」
真のデキる女とは、ナチュラルセクシーをきちんと楽しめる女である

ナチュラルセクシーチェックシート

あなたはナチュラルセクシー？　それとも駆け出しナチュラルセクシー？
どちらだって、ウェルカム☆☆
この本で、楽しみながら、お料理しながら、ナチュラルセクシーに近づきましょう！

♡セクシーという言葉に抵抗感や嫌悪感がある
♡自分はセクシーとは無縁な存在だと思っている
♡胸元が開いている服や、ボディラインが出る服を着ると落ち着かない
♡ファッションや髪型、メイクで冒険をすることは苦手
♡自分が女性であることに罪悪感を持っている
♡セックスを楽しいと思ったことがない
♡最近、好きな食べ物を好きなだけ食べていない
♡自分が食べたいものよりも、相手の好きなものを優先して食事してしまう
♡パートナーに、自分の気持ちを素直に伝えられず、逆ギレして怒りをぶつけてしまう
♡「自分はどう思う？」と考える前に、まわりの意見に流されてしまう

さて、あなたはいくつ当てはまりましたか？

【解説】

0～3個

男性にとって、かなり魅力的な女性です♡

一層の努力でナチュラルセクシーに磨きをかけましょう！

4～7個

ナチュ☆セクの素質は十分！

日々の心がけで、すぐにナチュラルセクシーになれます♡

8個以上

気づいた今が、ナチュラルセクシーの始めどき！

この本を読んで、多くの人を魅了する素敵な女性になりましょう♡

第1章

食べることは生きること、性は心を生きること

1. 食べることは性愛。伝えたいのは、たったそれだけ

食べることは、生きること。生きることは、人とつながること。人とつながることは、性愛につながること。この本でかよちんが伝えたいことは、たったこれだけです。ね？　シンプルでしょう？　伝えたいことをたくさん書き出して、熟考を重ねて、本当に伝えたい思いだけを残していったら、この言葉だけが残りました。そして、この両方を楽しむことが人生なのだとすれば、これまで抱いてきた女性性のタブー感を超えて、いい気持ちといい気分で常にいること。食も性も軽やかに解放された色気のある女でいることが、何よりも女性を魅力的にするのではないかという結論に至りました。

そのご提案として、誰でも、いつからでもなれるナチュラルセクシーのための「いろは」を、これから紹介していきます。この本は、性愛の話と料理レシピという、これまでになかった本です。エッセイの部分と料理の世界が分断されたものにならない

ように、そして女性である皆さんの豊かな感性に触れられるように、これまで私が料理家・性愛セラピストとして活躍してきた知識を、分かりやすい表記・表現で表しました。もし、「食べることは性愛」をもっと知りたい！　学びたい！　食べることと性愛を存分に楽しむ人生を送りたい！　まずは自分自身をもっと癒やしたい！　そんな気持ちが湧いてきたら、ぜひ、かよちんに会いにきてください。

あなたにお会いできることを、楽しみに待っています。

2. パートナーと向き合うことは、自分と向き合うこと

言葉にすると至ってシンプルなこの言葉。でも、これが実際はいちばん難しく、できたらここをスルーしてナチュラルセクシーになりたい、と思う方も多いかもしれません。でも、それは無理です（笑）。たくさんの知識を得たり、体験を通してみたところで、あなたにとっていちばん身近な相手との関係性が快適でなければ、ナチュラルセクシーになることは難しい、とかよちんは思います。ここでいう快適とは、仲睦まじくラブラブであることだけではありません。例えばさまざまな経験を重ねた結果、パートナーシップを解消することで、かえって快適になる場合も含んでいます。

パートナーのこと、あなたはどこまで理解できていますか？　これまで、どれだけ2人の世界を一緒に生み出してこられたでしょうか？　どちらか一方の勢力が強く、片方が我慢を重ねてきたということはありませんか？　ひょっとすると「彼女だから」「妻だから」、などの役割に縛られていたり、過去の「女性性のタブー視」からもたらされた〝イイ女〟の呪縛にとらわれていませんか？　でも、私は、もうそこに縛られる時代は終わったと思っています。過去のイイ女の呪縛は踏襲するのではなく、翻す。そうすることで女性は輝く。そうかよちんは悟りました。まずはひとつひとつ、２人の世界観を作り上げていくことから始めてみましょう。

生活のささいなこと、例えば私は朝食は和食がいいけれど、あなたは子どものころからパンを食べてきたから洋食ね、とか。他愛もないことでいいのです。日常のささいなことを理解し合うよう努力してみましょう。この場合、どちらかがスマートに迎合することはご法度で、曜日替わりで交互に和食と洋食を作ってみたり、週末は早起きしたほうが食べたいものを決めるとか、あれこれコミュニケーションをとりながら、ひとつひとつ決めていく……。そのうち、和食が２人の朝食の定番になる、なんてことがあるかもしれません。

あるいは眠るとき、電気をつけたままでないと寝られないあなた。でも、パートナーは真っ暗でないと落ち着かない。その違いを理解し合った結果、寝室を別にする選択をするかもしれないけれど、それは仲違いしたからではなく、一方が我慢し続けることによるストレスのほうが２人の関係性に大きく響くから。「自分が我慢して目をつぶっていればいい」「けんかも面倒だから我慢する」こういった小さな我慢が積み重なって、パートナーとの仲が険悪になったころ、もしあなたの心とからだを埋める人が目の前に現れたら……？　気持ちが傾いてしまうと思いませんか？　いっときの恋に身を焦がさないとも限りません。でもね、パートナーをチェンジしても、あなたは時が経つうちに、またその相手との関係性に小さな我慢を重ねてしまうと思うのです。なぜなら、相手は変わっても、あなた自身があなたと向き合うことから逃げているから。どうぞ、今目の前にいるパートナーとたくさんけんかをしてください。思っていることを伝え合える関係になってください。2人の世界に正義なんて必要ありません。そして、何十億人といる人の中で、こうして出会え、カップルになった事実を、面白がってください。

　仲のいいカップルって、2人にしか通用しない言語がありませんか？　くだらない自分やおバカな自分をさらけ出せる「バカップル」。これって、実は最高のパートナーシップだとかよちんは思います。どんなことも2人で向き合い、作り出すからこそ、思いがけない出来事が起きても、最大限助け合えます。窮地に陥ったとき、向き合えてきたことの真価が問われます。目の前のパートナーと向き合って、ひとつひとつを面倒くさがらずに構築する。すると、より快適な関係性が得られ、パートナーの周囲の関係性にも、心からの思いやりを投げかけることができるでしょう。「彼女だから」「妻だから」という役割を超えたものが生まれるはずです。日本の男女は「父と母」「夫と妻」の役割だけで過ごしてしまいがちです。でも、もう一度、出会って愛し合ったころの「オスとメス」を意識してみることは、とても大切です。ナチュラルセクシーとして生き始めたころから、私も目の前のパートナーとたくさん向き合ってきました。

これまで、どれだけ役割だけでつながってきて、どれだけ互いが我慢を重ねてきたことか、それはもう嫌というほど思い知らされました。「いい妻」を捨て、時には「どうしてこんな面倒なことをしているんだろう?」と途方に暮れたこともあったけれど、でも、そのおかげで今は快適なパートナーシップが築けています。

パートナーと向き合うことは、自分と向き合うこと。それ以上の何ものでもありません。自分と向き合えた人だけが、過去の自分から解放されて自由になれます。目の前のパートナーの温かなハグは、あなたへのご褒美です。大変だけど、でも、頑張って!

「ナチュラルセクシー格言」
あなたを自由にするための青い鳥は、すぐそばにいます
あなたの決意ひとつで、目に見える景色はがらりと変わる
その瞬間、ナチュラルセクシーを手にしていることに気づくのだ

第2章
エロスをスパイスに、〝食べる〟を楽しむ

1. 作って食べる、それこそが最高のセックスなのです

お料理を作るのは前戯。それを食べるのはセックス。2人がお料理を一緒に作れる環境にあるのなら、ぜひ「作って、食べる」を楽しんでみましょう。

2人両方がお料理好きじゃなくて、いいんです。パートナーが楽しそうに野菜を切っていたら、その様子を、もうひとりがキッチンの脇で腰掛けて眺める。そんな感じでいいんです。大切なのは〝2人で楽しむ〟これだけ。無理やり頑張るのはNG！どちらかだけが楽しそうなのもイマイチ。

「本当は腕を振るいたいのだけど、寝不足で疲れているの」

そんなときは、どこかおいしいお店に足を運びましょう。

あなたがいつものようにキッチンに立っていると、そのうち、見ていたパートナーがお手伝いを始めてくれるかもしれません。それは、2人で食べるおいしい料理を、一緒に作りたくなってきた証拠。そして「次は何をしたらいい？」とか「パスタは僕が茹でるよ」とか、2人で調和をとろうとしてきたら大成功。これって、セックスの前に互いの気持ち良さを確認（味見）しながら高め合ってゆく期待感（前戯）と同じなんじゃないかしら？

2人で楽しむクッキングは、セックスのための素敵な準備のようなもの。前戯を丁寧に楽しみながら、とっておきの料理をともにいただくのです。料理を作っている段階で「なんか楽しくない。作りたくない」なんて気分になったら、何度も言うけれど、無理は禁物。女性の「なんとなく」感じるものって的を射ていることが多いもの。それくらい、好きな人と食を味わうことを、かよちんは大切にしてほしいのです。特に、肌を触れ合う予感の相手であればこそ。

幸せな前戯からセックスを味わい尽くすためにも、愛する人との「作って食べる」を試してください！

そして、お料理後のメインデザートは、ベッドの上で……ね！♡

「ナチュラルセクシー格言」
下ごしらえから食べるまで……。2人で作り上げる料理こそ、セックスのフルコース！

2．禁断のレシピに、老いも若きもワクワクする理由

ナチュラルでヘルシーな食べ物のことを「からだと心にやさしい料理」などと表現したりしますよね。でも、あるとき思ったのです。「なんでもひと括りにするけれど、そもそもからだにやさしいって？　そして心にやさしいってなんなの？」。おそらく、そうカテゴライズされるお料理は、「自然食」「マクロビオティック」「無農薬野菜を使ったもの」「ローフード」などでしょうか。ほかにもたくさんあると思います。それらを日々食することで、体内に有害な物質を取り入れることを減らし、素材同士の組み合わせの妙により、体内の消化・吸収をよりスムーズに行う。そしてより健康的な毎日を送るからだと心になる……そんなところでしょうか。

　これらのお料理は、生産者の顔が見える食材を扱ったものが多いので、感謝の気持ちも自然に湧いてきます。また、マクロビオティックでは穀物や原始野菜（きのこ）、豆類、海藻類などの「中庸」の食べ物を大事にすることから、食べれば食べるほど、心身ともに程よい中心軸が生まれ、からだの調子が整ってくるともいわれています。もしかすると、心にやさしいというのは、そんな穏やかさのニュアンスが含まれているのかもしれません。世の中にはいろんな「健康のための食」があって、それぞれに定義があります。でも、情報が多いから、どれがいちばん私を健康にしてくれるの？って迷っちゃいますよね。

そんなときかよちんは、そのときどきでピンときた食べ物を選んで食べることが何よりの健康の秘訣だと思っています。体調を整えたいときも、同じ食事法をずっと取り入れたりはしません。なぜなら、この食べ方をしなければ！という考え方にはまってしまうのは危険だと思うから。

私たちのからだはもちろん、心も瞬間瞬間で変化しています。だから、今は私がこれを選んで食べるんだから、からだにいいの♡って、軽やかにしなやかに、そしておおらかに食べることが何よりだと思っています。１００％自分を信頼することが、何よりヘルシーな考え方なのではないでしょうか。

ときどき、食べたくなりませんか？　禁断といわれている高カロリーのお料理。油脂がたーっぷりで、お肉がモリッモリで、炭水化物だらけで、甘い食べもの。なんだかワクワク・ザワザワして「こんな健康に悪そうなもの、食べちゃっていいのかな……」という罪悪感もあったりして。
でも、それでOKです！♡♡
ぜひぜひ、罪悪感をとっぱらって、思う存分食べまくってください！　そして、罪悪感を忘れちゃうくらい、禁断のお料理を作りまくってください！　たらふく食べた後「あ～おいしかったぁ、幸せ！」と思えますか？　「あ～あ、食べちゃった。どうしよう、太るし体調最悪」って後悔する？　禁断と思われるメニューを、見て見ぬ振りしながら、実はとても食べてみたい。本当はそれを味わってみたいのに、周囲の目が気になるからどうしてもできない。でもそれって、実はできないのではなく、「したくない」とまで自分の素直な欲求を打ち消しているんじゃないかしら？　ワクワクの反面、ザワザワする。軽やかに楽しんでいる人を見ると嫌悪感を抱く。一億総健康志向社会、老いも若きもそんな感情を抱えて過ごしてはいないかしら？
よく考えると、この禁断な食べ物へのタブー感って、まるっきり性のタブー感と同じだと思いませんか？　一億総セックスレス社会みたいな……。かよちんがこのことに気づいたきっかけは、お気に入りの料理本「禁断のレシピ（枝元なほみ・多賀正子著／（NHK出版）」を読んでいたとき。この本のレシピはどれもハイカロリーでハイポテンシャルなのですが、めちゃくちゃおいしそうなの。特にエダモンと多賀さん

の禁断対決なんて、鼻血が出そうなくらいに魅力的！（笑）
禁断のレシピと禁断の性。実はどちらも禁断なんかじゃないけれど、食と性のワクワク・ザワザワは、ここでもまたつながっている!!　と妙に納得したんですよね。

「ナチュラルセクシー格言」
ナチュラルセクシーはおおらかにしなやかに、
食も性も楽しんじゃったモン勝ち！

COLUMN

「真・性愛学講座」のお供はドキドキ・ワクワクのケーキをどうぞ

㈳日本性愛セラピスト協会では、全国の性愛セラピスト認定トレーナーが「真・性愛学」と名付けた「多くの女性たちの豊かな人生、その人らしい人生を送るために必要な新しい学問」を学べる講座を開催しています。私も、2015年11月から研修をスタートさせ、これまで大小合わせ、20回以上のお話会や講座を催してきました。

個を尊重し、愛し合う。協会公式サイトに掲げられた文言には、大きく赤い文字でこう書かれています。この言葉を目にするたび、私はいつも胸が詰まりそうになって、泣きたい感情に揺さぶられます。自分が大切だと思う人以上に、個の自分を愛してあげることは、とても難しいことです。けれども自分を本気で愛せた人だけが、あなたの思う大切な相手とつながることができるのです。性愛学を学び、伝える側となった今も、私は個の自分に目を背けず、向き合うことで他者との結びつきやつながりを深めていく挑戦を継続しています。

真・性愛学とは、既存の「セックス論」「結婚感」などにとらわれない、新しい視点での夫婦、セックス、自己愛などに関する学びです。

パートナーシップとセクシュアリティ。これが真・性愛学の大きな2本柱です。パートナーシップとは「完全なる個」同士の二つのものが、そのお互いの特性を活かし合い、補い合い、成長発展していくさまをいいます。一方、セクシュアリティは、自分が自分らしく「在る」ための必要なエネルギーと考えます。私が「個を尊重し、愛し合う」という言葉に泣きそうになってしまったり、心が震えてしまうのも、私の持つセクシュアリティが、生きるためのエネルギーだからなのだと腑に落ちました。これまでタブー視してきた性愛を、真の性愛教育に取り組んでいくことで、あなたの抱えていた悩みや問題が自然と解決に向かっていきます。

「かよちんが言っていた性愛って、単にセックス行為に直結する内容ではなかったんだ」

もし、そんなふうに思っていただけるのなら、とても光栄です。性エネルギーを発露させることで、健全な形で親子間の絆を断ち、自分自身の「場」を構築していく。それをもとに自分以外の性と結びつき、つながりを作り、「家」「巣」「安全な基地」「家族」を創っていくのが、人間の自然な営みなのだと思います。

それぞれのストーリーの数だけ、悩みや苦しみもさまざま。ですが、あなたがもしこれまで自分の性について、見たり、知る機会がなかったのだとしたら、そこに目を向けるだけで、あなた本来の生きるエネルギーがあふれ出てくるかもしれません。

「真・性愛学基礎講座」は全6時間の講座で、かよちんが最も得意とする講座です。現在は「ナチュラルセクシーワーク」を盛り込み、わずか6時間でナチュラルセクシーになれる秘訣を盛り込んだコンテンツを満載して開催しています。

講座が終了して、受講者の皆さんと賑やかにお茶を飲みながらのシェアタイムでは、本業でもある、かよちんお手製のケーキを振る舞っているのですが、これが皆さんにとっても好評！　参加者からは、「本当はこのケーキが目玉の講座なんじゃない？」なんて言われたこともあるくらい。

どんなケーキだと思いますか？　それはね、うふふ♡　lezizi ケーキ！

男性はどうしてもナイフを入れるときに痛がるんですけれど（笑）、女性は皆さん、無邪気に楽しそうに召し上がっています。le zizi ケーキ（le zizi は、フランスの赤ちゃん語でおちんちんのこと）です。

これからも「真・性愛学基礎講座」をはじめ、たくさんの講座やお話会を開催していきたいと思います。ぜひ、かよちんと一緒に「個の自分に気づく旅」に出かけましょう！　旅のお土産は、あなたの女性ならではの美しさ、輝き、そして色気です。あなたの感動に出合えることを、かよちんは心の底から楽しみにしています。

「ナチュラルセクシー格言」
自分が自分らしく「在る」ために必要なエネルギーとは、ナチュラルセクシーからあふれ出すものなのだ

（一般社団法人　日本性愛セラピスト協会公式サイトより抜粋）

※一般社団法人　日本性愛セラピスト協会（代表理事・田中みっち）では、性愛をさまざまな切り口で伝えるセラピストが全国で活躍しています。
かよちんは、東京2期生として1年間研修を受けました。
「1度しかない自分の人生を輝かせたい！」そんなあなたは、ぜひ、協会サイトをごらんになってくださいね。http://jsta.biz
（現在、真・性愛学基礎講座は新たなカリキュラム（SIM）で講座を開催しています。詳しくは協会サイトをごらんください）

第3章
食べて、充たして、幸せになろう！
ごはんを、からだを

1. シズル感あふれた女になれる、ナチュラルセクシーかよめしに来ない？

私が料理に感じたいのは「その先にある物語」。誰が食べるか、誰と食べるか、どこで食べるか、そして食べてからは……？　食べ物の写真ばかりを撮影していたころ、切り取られた「作られた美しさ」に、何か違うなと違和感を覚えました。そのころから、実はナチュラルセクシーへの旅が始まっていたのかもしれません。

当時の私は、中性的なルックスで、女っぽさや色気なんて大嫌い！　と思っていました。それが数年後、内面の色気、女性ならではのセクシーさを楽しめるようになっているなんて、ずいぶん変化したものだわ、と今でも驚いています。それと同時に、ナチュラルセクシーになれたことで、より料理が好きになり、食べることも大好きになりました。また、料理が完成したときに口にする「わぁ♡おいしそう！」に次いで、「わあ♡エローい！」まであふれてくるようになってしまいました（笑）。

今回紹介する「かよめし」レシピ写真の多くは、かよちんが自ら撮影したものです。

できあがったらすぐにテーブルへ運び、エロスを感じる「料理の顔」を逃さないよう、集中して何枚も撮っています。私は料理をするとき、表情とか顔のように、食べ物が変化していく様子を形容するクセがあります。顔に例えるくらいですから、エロいなぁと思うのは、私にとっては自然なことなのかもしれません。

光の入り方や陰影による色っぽさ。油をまとったこんがりとした焼け具合、ツヤっぽさ。ほかの材料とのバランス、素材のもたらすピュアな色彩美。そして圧倒的な存在感。その一瞬一瞬にかよちんは心を震わせながら、どうしたら自分が見ているままを収められるんだろう？　と必死に感性優先シャッター（かよちんが名付けました）を切っています。まさに〝シズル感〟を求めて料理を見つめているんです。そして、この感覚と同様に、ナチュラルセクシーな女性って、シズル感にもあふれているなと思ってもいます。

前述した、焼け具合やツヤっぽさ。ピュアな色彩美や圧倒的な存在感って、そのままナチュラルセクシーに当てはめても全く違和感がありません。〝シズル感あふれる女性〟なんて、想像するだけでおいしそう！　いえ、キラキラ輝いて魅力的です。そんな自分を心から楽しめたら、あふれる魅力に男性たちが惹きつけられてしまうかもしれません。あなたの目の前に現れた料理。それを、五感で最大限に味わい「おいしそう！」「食べたい！」そして「エロい！」。そう思えるあなたは、エロくて魅力的な女性なのです。

「その先にある物語」。さて、今日はどんなシチュエーションがあなたを待っているでしょうか？

何を食べる？　誰と食べる？　どこで食べる？　そして食べてからは……？

シズル感あふれるかよめしレシピを、どうぞ作って体感してください。そして「かよちんの作るかよめしが食べたい！」と思ったあなた、ぜひ私の料理とトークを楽しむイベントにいらしてください。

「ナチュラルセクシー格言」
ナチュラルセクシーな女は、シズル感にも満ちている

2. かよめしのたいせつ　レシピ編

私こと「きむらかよ」、愛称かよちんが作るごはんは「かよめし」と呼ばれています。〝食べることはセクシー！〟性愛の学びと料理家の知恵から生まれた発見を、皆さんとともに分かち合いたくて、そしてナチュラルセクシーな女性を増やしたくて……。この本のかよめしレシピは、どれも私がいい気持ちといい気分で、つまり、ナチュラルセクシーなフィーリングに満たされているときに生まれたものばかりです。どのお料理も簡単に作れるものばかりですので、ぜひ今日から気になったお料理を試してくださいね。

ここからは、かよめしを作るうえで私が大切にしていることをお話しします。

レシピはあまり信用しない。

まずはコレ！「え？　レシピどおりに作らなくていいの？」と不思議に思う方も

いるでしょう。でも、この本でのかよめしレシピは、一般的な料理本と違って、もともとの作り方や分量が至ってシンプル。だから「レシピどおりに作ったのにうまく仕上がらない」ということはほとんどないと思います。それとね、極端な話、うまく作らなくてもいいの。おいしく作ってもらえれば。

私のレシピで、例えば小さじ1と書いてあったとしても、あなたや一緒に作っているパートナーが「もう少し増やしたいよね」となれば、そちらを採用してくださっていいのです。「かよちんはこうしろと書いているけれど、いやいや違うでしょ！」という情熱が湧いてきたら、そのままのパッションで突き進んでいいのです。だって、そのほうが絶対においしくできあがるから！

計量カップと計量スプーンがあれば、スケールはなくてもＯＫ。

カップ1は２００cc、大さじ1は15cc、小さじ1は5ccです。スケール（計量器）があればもちろんベストですが、スケールがないから料理ができないということはありません。あと、「このくらい食べたいから、味を濃いめにしたいから、もう少し入れちゃおっと！」っていうのもＯＫ！　よほどの増量でなければ失敗なくできるレシピばかりです。だから、安心して作ってくださいね。ちなみに、スケールも計量スプーンも、今はリーズナブルに購入することができるので、まだお持ちでなければこの機会に買ってみてもいいかも！

好きなだけ、お好みで、と書いてあるものは欲求に従って♡

こう書いてあるお料理は、よりカスタマイズされた、あなたオリジナルの味が期待できます。どうぞ遠慮なく、増量を楽しんでください！

時間があれば、作り方をひと読みして。

材料はチェックしていても、作り方は料理するときに初めて読む、という方も多いと思います。けれども作る前にお料理のイメージを膨らませておくと、料理の仕上がりが断然違ってきます。あと、「早く食べたい！」というワクワク感も高まります。

２人で作るときはレシピをどちらかが読んで、もう一人が下ごしらえをして、なんてラブラブな役割分担するのもおススメですよ♡

3. かよめしのたいせつ　材料編

材料選びの極意は、あなたの波動を信じること。

見えない世界や精神世界……。あなたは、それらに興味がありますか？　波動って「上げます」と意図すれば、上がるといわれているのです。それも瞬時に。あなたが常に、いい気持ちといい気分でいること。つまり「ご機嫌」でいる波動は、確実に同じ波動のものを引き寄せます。これは、波動の法則と呼ばれるもの。自分の波動が高ければ、自ずと波動の高いもの、ここでいうなら、波動の高い材料を引き寄せられるということです。意識しなくてもいいのです。とにかくご機嫌でいられれば。

脳科学でいわれる「ＲＡＳ（脳幹網様体賦活系）」とは、例えば「よい材料が欲しい」と脳がその情報を得ようとすると、よい材料ばかりが目につくようになる現象のことです。よい材料って、どんなものだと思いますか？　これもまた、千差万別ですよね。脳科学の観点から見ても、あなたがご機嫌の波動でありさえすれば、ご機嫌なあなたに相応しい「よい材料」が集まるということです。

これは、かよちんが実際に体験して、そして心から思っていること。つまり、何が言いたいかというと、材料のクオリティはそこまで関係ないということなんです。もちろん、良い素材に高い波動が多いというのは事実ですが、それ以上に大切にしてほしいのは、あなたのいい気持ち、いい気分から発せられる「ご機嫌な波動」で材料を選ぶということ。それは、スーパーマーケットの安売りの品でも、捨てるに忍びない食材でもいいのです。あなたがご機嫌な波動で選ぶことが重要なのです。そして、その材料から作られたあなたの料理は、誰の心をも動かすくらい、温かくエネルギーあふれたものになることは確かです。もちろん、心とからだにもやさしいはず！　ぜひ、そんなおおらかさ、しなやかさでかよめしレシピを楽しんで、あなたにとってのパーフェクトなお料理を作ってください！

和風だし、洋風だし、中華だし……。だし文化を見直して、手軽においしく。

だし汁をとるのって、結構手間がかかりますよね。でも、かよちんは、だしをとる行為が結構、好きなんです。不思議と気持ちが落ち着くというか……。

でも、忙しい毎日でだしをとるのはとっても大変！　育児や仕事に追われていれば

なおさらね。そんなときは無理せず、手軽においしさが味わえるだしの素を使いましょう。

和・洋・中すべて常備できれば万全！　かよちんは、マクロビオティックを学んでいたころから、ベジタリアン仕様のものや化学調味料不使用のものを好んで使っています。クセのない風味で、少しの塩分を足すだけで味がバッチリ決まるので、オススメですよ。

調味料だけはこだわりたい！

塩、醤油、麹、酒、みりん、味噌、甘味料……。味の決め手となる調味料も、化学調味料や添加物が使われていないものを選んでいます。塩麹、醤油麹が大好きなかよちんにとっては、もはや麹も調味料の仲間（笑）！　今はお気に入りの麹店の生麹を使っています。そのほか、その土地土地で古くから使われている調味料を使うのも、お料理の幅が広がるので大好き。調味料って、それだけでいつもの料理ががらりと変わるくらい大事なもの。いろんなものを試して、自分のお気に入りを見つけてお料理を楽しんでくださいね。

4. かよめしのたいせつ　マインド編

いい気持ちといい気分でお料理しよう
これだけで、もうおいしいものの完成品が目に見えています（笑）！

なぜって、波動の法則ですから♡　ね！　だから、ご機嫌になって楽しんでください。いい気持ちといい気分で作ったお料理は、今のあなたをますます元気に、そして健康的にしてくれるはずです。だから、頭では考えないで、五感を味わい尽くしましょう！

かよちんは常々「料理は瞑想」と豪語しています。かよめしってあの世とこの世をつなぐ存在なのかも?!　それとね、かよめしを食べると運気もアップするんですよ！

ぜひかよめしのマインドを信じて、お料理を楽しんでくださいね。

あれもこれも
全部作りたい！
シーン別かよめし

料理はメディテーション！
直観力が優れて、心もからだもより感じやすくなります。
一緒に作って食べて、幸せになるかよめし。
レシピはあくまでも参考程度に、ふたりだけのハッピーごはんを楽しんでくださいね。

※つくり方の分量は、特にことわりのない場合は２人分です。

日本酒と

まるごと大根おろし鶏鍋(もつ鍋風)

大根の成分でお肉はやわらか。
〆は切り餅が絶品です。
さっぱりした日本酒とともに。
ほろ酔いをお愉しみあれ♡

1　にら 1/2 袋は 4 等分、にんにく 1 かけは芯を抜いて薄い輪切り、赤唐辛子 1 個は小口切りにする。キャベツ 1/8 個、鶏むね肉 300g は適宜切り、生姜少々はすりおろす。大根 1/2 本はすりおろして身と水分に分ける。

2　鍋に鶏がらスープの素大さじ 1、すりおろし生姜、すりおろし大根の水分、塩小さじ 1/2、胡椒少々、鶏肉、キャベツ、もやし 1 袋、輪切りにんにくの 1/2 量を入れる。

3　大根の身、にら、輪切りにんにくの 1/2 量、赤唐辛子を鍋の表面にのせる。

4　③にふたをし、材料に火が通るまで煮て、好みのポン酢で食べる。〆に切り餅 2 個を入れても。

日本酒と

長芋のふんわり焼き

いろんなお店でおいしいものを食べると、つい再現したくなります。これは、居酒屋メニューにあったものを米粉入りでアレンジしたもの。満足感のある酒飲みメニューにプラスして。

1 長芋1/2本（約300g）は皮をむいてすりおろし、卵1個、米粉大さじ2、白だし大さじ1、胡椒少々を加えてよく混ぜる。

2 耐熱容器に①を流し入れ、200度に予熱したオーブンで15分焼く。

3 焼きたてにバター適量をのせ、刻み万能葱を適量散らす。

日本酒と

牡蠣おこ

牡蠣のお好み焼きですが、がっつり系ではなく、お酒のおつまみ的メニューです。表面はこんがり、中はふっくら。　おいしいポン酢をかけて召し上がれ。

1　牡蠣８～10粒は、塩、片栗粉、水適量をボウルに入れ、軽く混ぜて洗う。汚れが取れたら流水でさっと洗い流す。

2　別のボウルに米粉100g、溶き卵１個、水80CC、塩少々を加えてよく混ぜ合わせ、青のりを好きなだけ加える。

3　フライパンにサラダ油適量、みじん切りしょうが小さじ1/2を入れて火にかけ、香りが出たら①を入れ、焼き色がつくまで両面を焼く。牡蠣を均等に並べ、②を流し入れ、焼く。

4　食べやすい大きさに切り分け、青のりをふり、大根おろしにポン酢を回しかける。

日本酒と

翌日がおいしい肉豆腐

かよめしイベントでも好評の、フライパン一つでできるソウルフード。味が染みておいしいから、前日からスタンバイ！　が気分。日本酒との相性もバッチリです。

1　玉葱 1/2 個、長葱 1/2 本、糸こんにゃく 1/2 袋、木綿豆腐 1 丁、牛バラ肉 150g は食べやすい大きさに切る。

2　フライパンにだし１カップ、酒・みりん大さじ３を入れて火にかけ、ひと煮立ちしたら砂糖大さじ 2、醤油大さじ４を加える。

3　②に①を並べ入れ、約１５分～２０分じっくり煮る。火を止め、翌日まで味を染み込ませる。

1　玉ねぎ 1/2 個は薄切り、きのこ（舞茸やしめじなど）1 パックは石づきをとり、ほぐす。

2　好きな野菜や肉・魚介類（プチトマト、ほうれん草、グリーンピース、ベーコン、サーモン、帆立などがおすすめ）適量は食べやすい大きさに切り、1/3 量はトッピング用に分ける。

3　②をサラダ油適量で炒め、しっかりめに塩・胡椒で調味。バットに入れ、冷ます。

4　太くて長いバゲット 1 本は上部分を切り、中身をくり抜く。

5　ボウルに卵 2 個を割りほぐし、生クリーム 100cc（1/2 パック）を加えて混ぜ合わせ、軽く塩・胡椒する。

6　⑤に③、くり抜いた④を入れ、全体をざっと合わせる。

7　④のバゲットに⑥を詰め、その上に②のトッピング用、ピザ用チーズを好きなだけのせる。

8　190 ～ 200 度に予熱したオーブンで 30 分ほど焼く。オーブンから取り出し、バゲットの中心に竹串を刺して何もつかなければできあがり。

白ワインと

太くて長い
バゲットキッシュ

焼きたてをみんなの前でカットすれば盛り上がること間違いなし。一晩おいて生地をなじませてもおいしいので、残ったときはアルミホイルに包み、翌日トースターで温めて食べても◎！

ベーコンとグリーンピースのクリーム煮

赤ワインと

グリーンピースがいちばんおススメですが、スナップえんどうやグリーンアスパラガスでもおいしく作れます。簡単なのに、味も見た目も本格派！　赤ワインのお供にどうぞ。

1　にんにく１かけはみじん切りにする。
ブロックベーコン 100g は厚めに切る。

2　鍋にバター 10g、にんにくを入れて火にかけ、香りが出たらベーコン、グリーンピース１５０g の順に入れて炒める。豆乳１カップを加え、弱火でゆっくりかき混ぜながら煮、塩・胡椒で調味。

3　③に水溶き片栗粉（水・片栗粉各小さじ 1）を回しかけて混ぜ、全体にとろみをつけ、仕上げに黒胡椒をふる。

ロールキャベツ

赤ワインと

世の中には、肉食系であることを、草食系の見た目で覆っているロールキャベツ男子が存在するとか（笑）。そんな男子にも食べさせたい、みそが隠し味のロールキャベツです。

1 鍋に湯を沸かし、キャベツの葉 6 枚を入れて軽くゆで、水けをきる。

2 玉ねぎ 1/4 個は薄切り、人参 1/2 本は乱切りにする。

3 ボウルに豚ひき肉 200g、みじん切り玉ねぎ 1/2 個分、溶き卵 1/2 個、塩小さじ 1/2、胡椒少々を入れ、粘りけが出るまでよくこねる。6 等分にし、①にそれぞれのせて巻く。

4 鍋に水 600cc を沸かし、洋風だしの素 5g を入れて溶かす。③を、巻き終わりを下にして入れ、間に②を入れてひと煮立ちさせる。塩・胡椒各少々を加えて 15 分煮、みそ小さじ 1 を溶き入れる。好みでみじん切りパセリを散らしても。

※作りやすい分量

トロトロチーズ

とろ〜りとしたたるチーズが食欲と性欲をそそる、禁断のソース。ジャンクフードとの相性もピッタリです。カロリーなんて気にせず、欲望の赴くまま、たっぷりかけて。

1 チェダーチーズ100g、クリームチーズ40gは刻む。

2 小鍋に牛乳1/2カップ、小麦粉小さじ1、①を入れて火にかけ、よくかき混ぜながらチーズを煮溶かし、塩少々を加える。

フライドポテト

揚げあがりも、あなたも、どちらも待てない♡　早くおいで！　のキッチン飲みメニュー。お供はもちろん、ビールに決まり！　トロトロチーズもお忘れなく。

1 じゃが芋（男爵芋がおススメ）3個は皮つきのままくし形に切り、ビニール袋に入れる

2 ①に薄力粉、塩各適量を入れ、じゃが芋の表面に薄くまぶす。

3 揚げ油を170度に熱し、②を並べ入れ、こんがりときつね色になるまで揚げる。器に盛り、トロトロチーズをとろりとかける。

青のりもっちーず

イタリアの前菜「ゼッポリーニ」にヒントを得たレシピ。ピザ生地の代わりに白玉粉を使いました。焼きたては、表面カリッ！　中ふんわりの香ばしい味わいです。

1 溶き卵1/2個、牛乳（または豆乳）大さじ4は混ぜる。

2 ボウルに白玉粉100g、①、パルメザンチーズ・砂糖各20g、青のり大さじ1を入れ、滑らかになるまでよく混ぜ合わせる。

3 ②を14等分に分け、丸める。180度に熱したオーブンで15分焼き、器に盛ってトロトロチーズをかける。

朝を迎えた
2人の朝ごはん
和食編

おにぎり、
目玉焼き、お味噌汁、
デザート

「目覚めをよくする食事」というより、後戯のような朝ごはん。眠い目をこすりながらぱぱっと作る、ほっとする日本の朝ごはんです♡

1 白いごはん400g前後に梅干しやツナマヨなどを入れ、おにぎりを作る。

2 フライパンにサラダ油適量を熱し、卵2個を割りほぐして目玉焼きを作る。好みで中濃ソースをかける。

3 和風だしを湯で煮溶かし、具材（写真はキャベツとわかめ）を入れ、みそ汁を作る。

4 デザートを添える（みかんや苺など、切らずにすむフルーツがベスト）。

ジェノベーゼな
フレンチトースト

愛し合った翌朝は、気配り上手&女子力をアピールできる朝食はいかが？　甘すぎないフレンチトーストとフレッシュ野菜、コーヒーで、彼の心をキュンキュンさせちゃいましょう♡

1　市販のジェノベーゼペースト大さじ3、卵1個、豆乳1カップはよく混ぜ、バットに注ぐ。

2　好きな野菜適量は洗い、適宜切る。

3　①に4枚切り食パン2枚を浸す。

4　フライパンにサラダ油適量を熱し、③を入れてきつね色になるまで両面焼く。

5　器に④をのせ、②、マヨネーズ、粒マスタードを添える。ホットコーヒーとともに。

これさえあれば！　のかよちん的最強調味料トップ3
塩麹・醤油麹、酵素シロップ

基本の作り方と料理の味をグッと引き出すアレンジ法を、お教えします♡
※作りやすい分量

塩麹・醤油麹

かよちんのさまざまなお料理に登場する塩麹と醤油麹。
エロ艶美人になるのに欠かせない発酵調味料です。簡単に作れるので、日々のお料理や味付けにぜひ活用してください。

塩麹

1　ボウルに塩30g、麹100gを入れ、よく混ぜる。

2　①に材料がひたひたになるくらいまで水を加え、よく混ぜる。軽く蓋をして常温に置き、1日1回、かき混ぜながら熟成させる。

3　季節にもよりますが、10日程度で完成。

醤油麹

1　ボウルに醤油1/2カップ、麹100gを入れ、よく混ぜる。

2　以下は、塩麹の手順と同じ。

酵素シロップ

「菌は金！」この言葉は、酵素作りを教えてくれた友達の名言です。かよめしレシピでも積極的に取り入れているフルーツを使った酵素シロップ。

季節の果物で、楽しく作りましょう！

1　季節の果物 1kg程度（ここではみかん）はよく洗い、できるだけ細かく刻む（皮、芯、種もすべて使う）。

2　煮沸消毒した容器に①、上白糖1.1kgを、交互に層になるように入れる。軽く蓋をし、常温で保存。1週間、毎日1～2回手でかき混ぜる。

3　②をざるで漉し、煮沸消毒した別の容器に入れて保存する。冷蔵庫で1ヶ月程度保存可能。

塩麹のバーニャカウダ

絶対おいしいに違いないと思って作ったら、想像以上の味に小躍りしました（笑）。コツは、にんにくと牛乳をゆっくり時間をかけて煮ること。生野菜をたくさん食べたいときにぜひ。

1　好きな野菜（きゅうりやラディッシュ、パプリカなど、色味のある野菜がおススメ）適量は洗い、適宜切る。

2　にんにく５～６かけは皮をむき、包丁の背でつぶして芯を取る。小鍋に牛乳１カップ、にんにくを入れて弱火にかけ、にんにくがつぶせるくらいまで煮る。にんにくが柔らかくなったらフォークなどでつぶし、塩麹・生クリーム各大さじ２、オリーブオイル大さじ３を加えて軽く煮る。※煮詰まって味が濃くなった場合は、その都度オリーブオイルを少量加えて伸ばすとよい。

酵素シロップで作るから揚げ

酵素の作用で鶏肉もしっとりやわらか♡　ゼラチンでシロップを固め、熱々のところにジュレがけすれば、文句なしのおいしさです♡

1　レタス適量は洗い、手でちぎる。

2　鶏もも肉200gは食べやすい大きさに切り、酵素シロップ・醤油各大さじ1、おろし生姜小さじ1と混ぜる。

3　②に片栗粉適量をまぶし、揚げ油を180度に熱して並べ入れ、きつね色になるまで揚げる。

4　④器に①を盛り、②をのせ、好みでレモンを添える。

醤油麹かまたま

醤油麹が大好きになったきっかけのレシピ。写真は、群馬県館山市の名産「花山うどん（鬼ひも川）」。かよちんが今いちばん気に入っているうどんです。刻み葱やおろし生姜など、薬味をたっぷりのせてどうぞ。

1　鍋に湯を沸かし、うどん（好みのものなんでも）をゆで、器に盛る。

2　①に醤油麹（好きなだけ）、生卵2個、薬味をのせ、豪快にかき混ぜて食べる。

やめられない、止まらない！
禁断のスイーツ

高カロリー万歳！　眠らせていた本能を呼び覚ます、魅惑のスイーツです。
おなかが空いているときは、さらに危険度マックス♡

禁断のゼブラケーキ

別名「しましまケーキ」。みんなが好きなオレオクッキーを、コーヒーゼリーで固めました。スプーンをすくう手が止まらなくなる、これぞハイカロリーな禁断のケーキ♡

1　粉ゼラチン10gは袋（または箱）の表示どおりに溶かす。

2　液体コーヒー（濃いめ）2カップは人肌程度に温め、砂糖大さじ4、①とよく混ぜる。

3　直径20センチの深皿に②を1/2量注ぎ、その上にオレオクッキー36枚を重ねる（このとき、クッキーを2、3枚ずつ指で押さえながら行うと浮き上がりにくい）。

4　ゼリー液を染み込ませて全量注ぎ、冷蔵庫で約3〜4時間冷やし、固める。

秘すれば花スイーツ

真っ白なクリームでふんわりと覆われたチョコレートケーキ。２人で仲良く食べて、恋愛ホルモンをだだ漏れさせちゃいましょう！

1　ボウルに生クリーム200cc（1パック）、砂糖（好きなだけ）を入れ、泡だて器でふんわり泡立てる。

2　フリーズドライのフランボワーズ適量、ピスタチオ適量は砕き、粉状にする。

3　お気に入りの器に好みのチョコレートケーキをのせ、①でふんわりと覆い、その上に②を振りかける。大きめのスプーンで、仲良く２人一緒に召し上がれ♡

第4章
ナチュラルセクシーになるために、実践したい艶女の秘めごと10

1. 内なる食欲と性欲に、とことん向き合おう

ラブラブな2人が繰り広げたクッキング（前戯）は、楽しめましたか？
キッチンで賑やかに繰り広げられた食事の準備。食べる（セックス）のが待ちきれなくなってきたのではないでしょうか？　それならGOODです♡　できあがったお料理を、ダイニングルームへ2人で運びましょう。作るのに時間がかかって疲れたから、しばし休憩、なんて言っていられません。そのタイミングでヘタるのなら、やっぱり無理していい顔していただけね（笑）。何しろお料理は熱いものならアツアツ、冷たいものならキンキンに冷えているのがいちばんのご馳走だし、前戯で十分に濡れて&勃ち上がってアツアツ、ギンギンな2人のボルテージは最高潮なのですから。

2人分のカトラリーやグラス、カップはお忘れなく。そして今日のお料理に合うお酒は冷えていますね？　ワインならオープナーも。これらはすべて、2人で存分に味わうセックスのためのベッドメイキングです。そしてエプロンを外したら……。

♡完璧♡

グラスを合わせて仲良く「乾杯」から、さぁ本番が始まります。まずは本日のメインディッシュから。あなたはパートナーの分から取り分けますか？　それともお先にどうぞ、なんてここに来て遠慮してみたりする？　食べたかったら、まずは自分から先に口に入れて食べましょう。なぜなら、あなたのその本能的な食欲に、パートナーは惚れるはずですから。そして何より可愛いって思うよ。この辺りは、前戯でどれだけワクワクしてきたか、味見を我慢してきたかが問われてきますが。

パートナーの挑み方（食べ方）は気持ちいいですか？「塩味が足りないと思って」なんて勝手にあなたのお皿へサラサラッと塩を振りかけてきたりしたら、かよちん的にソイツとはナイわー。前戯で「うまい！」とか言ってたくせに、本番で本音を出してくるなんて！　本気であなたと楽しもうとしているのに包茎なの？　なんてね。ちょっと過激ですが（笑）。

２人の味をこれから一緒に作り出していくはじめの一歩は、お互いの気持ちいいおいしさに耳を傾けることが大切なんです。だから、勝手に味を足すなんてNG。かよちんは、パートナーと食事をするときも、セックスをするときも、「主導権は女」でいられることが、２人でおいしさを味わうことの秘訣だと思っています。それは、女性がわがまま放題にすれば男は喜ぶ、とは違いますよ。男性は、女性を悦ばせるためにエスコートしたいんです。例えば、本音は「あの大きいほうの肉を食べたかったのになぁ」と心の中で思ったとしても、女性に「ウーン♡すっごくおいしい♡最高‼」って満面の笑みを見せられてしまうと、あなたが喜びを味わえたことのほうに、幸せの軍配が上がってしまうのです。そしてベッドの上でも、女性が本能のままに気持ちよくなっていて、それを自分が導いてあげられていることに喜びを見出すのが男性なのです。そんな男性の無償の愛が受けられるあなたは、最高にいい女。「おいしい」「うれしい」「気持ちいい」「大好き♡」と、ぜひパートナーに何度も伝えてメス魂を全開にしてください。そして2人のおいしく甘い時間を堪能してください。

女性は小さなオーガズムを重ねることで「イク」を味わいます。ジェットコースターのような男性のフィニッシュとは違うもの。だから、やっぱり女性が楽しそうに食事をしている様子を、男性は可愛いなぁ、と思いながら、自分のアクセルを踏み込んでいくのだと思います。実は「イク」ことって、男性が望むほど、女性はそれをすべてだと思っていません。セックスは、前戯から始まっています。この辺りも、2人でお料理をするプロセスと似ていますね。

最高級のオーガズム、というものがもしこの世にあるとしたら、それは料理に例えると最高級のステーキでしょうか。素材が勝負の塩・胡椒のみでいただくそれは、たまに味わうのなら、エンジョイすることもアリです。けれども2人で作りながら「この間作ったときよりずっとおいしくなったね」なんて言いながら、どんどん「2人の世界」を作り上げていく普段の料理。そんな料理が本当の意味でのおいしくて気持ちいい「本番」につながると思うのです。そして何より、その2人のやりとりがセックスだと思うのです。

初めての相手で、ピッタリと息が合う場合もあるかもしれないけれど、それはほぼ奇跡に近いもの。息が合わなくてちっとも楽しくないくせに、こんなものよね、と自分の食欲、性欲を見限ってはいけません。それは、あなたの人生そのものを見限っていることと同じですから。どうぞ、一度しかない人生を味わい尽くすためにも、あなたの食べたい、セックスしたい気持ちを見つめてみてください。私がパートナーとの本番行為で最高に幸せを感じるのは、一緒に作った料理についてあれこれ論じながら、ひと口ひと口を味わって、お料理に相応しいお酒を飲んで、ゆっくり時間をかけて過ごすこと。ちょっと、老夫婦みたいですけどね（笑）。

今日もおいしかった♡　気持ちよかった♡

愛し合う2人の時間にごちそうさまでした。

「ナチュラルセクシー格言」
食べることとセックスは、ナチュラルセクシーのスペシャリテなのだ

2. メス魂を解放して、人間関係をスムーズに

「あ、こんなことされて（言われて）、すごく嫌（な気分）」こういうこと、女性なら一度や二度はありますよね。私にももちろんあります。

でも、一見大人で物分かりがいいあなたは、「あ、嫌だな」と感じると同時に、瞬時に過去の記憶や経験、そして自分を嫌な気分にさせた相手との関係性、この先どうなるか……までが湧いてきて、自分の感情に蓋をしてしまうのではないでしょうか。

「今、嫌だなって感じたけれど、以前にもこういう気持ちになったことがあるから、仕方ないか」「この人に嫌だったことを伝えることで、今の関係が崩れるのは怖いから、感情が揺れなかったことにしておこう」「私の感情なんて、所詮わがままで理不尽なんだから、放っておけばいい」……なんてね。

でも、ちょっと待って！　本当は、〝私の感情〟こそ、誰よりも、そして何よりも大切に扱う必要があるのですよ。

ずっと抑えてきた自分の心の声。もう、自分を諦めることに慣れるのは、終わりにしませんか？　わがままで理不尽な自分の感情。上等じゃありませんか！　だって、あなたはめっちゃチャーミングで愛らしい存在なんですよ！　素直な感情が湧いてきたら、「出た出た！　私の可愛いメス魂ちゃん♡」ってウェルカムしてあげられるくらいになりましょうよ。

わがままで理不尽なあなたの感情には、幼児時代の無邪気なあなたが潜んでいます。「これはイヤ！　あれもイヤ！」言いたいことを言って、やりたいことをやって、欲望に忠実。自分が欲しいものを誰かが持っていたら「それ、ちょうだい！」と取り上げ、思うとおりにならないと声を上げて泣き喚く。そして時には嫉妬して意地悪することも……。けれども次の瞬間、別の何かに心をつかまれると、ケロっとしてもう笑顔！　天真爛漫、天衣無縫。なんとも憎めない愛すべき存在。あなたにも、きっとそんな時代があったはずです。自分の感情しか考えない、一見「わがままで理不尽」な状態。でもこれって、裏を返せば自分の気持ちに正直な状態ですよね。この、イヤイヤ期真っ只中の幼女みたいな状態。これを、かよちんは「メス魂」と名付けました。そして、これこそがナチュラルセクシーの源泉なのだと断言します。

さあ、今こそコンコンとあふれ出すメス魂に、降伏宣言しませんか？　メスである自分に「降伏」したら、「幸福」になるシステムでございます（笑）。私たちはもれなく大人になりますから、メスそのものを剥き出しにして生きていくことは難しくなりますが、女としてこの世に生まれてきた以上、「メス魂」はなくせません。何よりも、メス魂はオスが女性を選ぶ大きな魅力でもあるのですから。だから、これからは「あ、嫌だな」と感じたら、自分のメス魂に蓋をするのはやめましょう。実践する方法は、きっといくつかあると思います。例えば「その話を聞いて嫌な気分になっちゃったわ」「今日は乗り気じゃないから、食事は遠慮して帰るね」「今のあなたの考えと、私の考えは違うと思うわ」と、伝えてみる。もしくは、直接口に出さなくても、心の中で思う。それだけでもいいのです。自分の感情や感覚、そして情動に、まずは忠実になりましょう。大人の行動に移すのは、その次です。

不思議なことに、自分のメス魂を可愛がってあげればあげるほど、「あ、嫌だ」を丁寧に扱ってあげればあげるほど、人間関係はスムーズに豊かになっていきます。本当の意味で、自分のことを大切にする人たちがまわりに増えていきます。そして、いつの間にかナチュラルセクシーになれるのです。

「ナチュラルセクシー格言」
わがままで理不尽なメス魂こそ、ナチュラルセクシーの源泉である

3. 悪い気分に振り回されそうなときも、あえて五感に集中しよう

「メス魂を解放して、人間関係をスムーズに」で抱いた「あ、嫌だ」という感情。そんなふうに感じた自分を、どうか胸に閉じ込めないで、大事に扱ってあげてね。そうお話ししました。でも、自分の感情に蓋をせずにいられたのはよかったのだけれど、どんどん気分が悪くなってくる。頭の中が否定的な思考でいっぱいになる、なんてこともあると思います。「私はすっごく嫌な気分なの‼」そう大声で叫んでしまえたらスッキリするのに、とかね。

いい気分になるときの五感の味わい方はゆっくりだったのに、嫌な気分になるときって一瞬です。ドキッとする、グサッときた、などは、スピード感満載ですよね。その瞬間の感覚は、過去にあなたが経験してきた嫌な気分の記憶とドッキングします。これも早業で！　これが、ムカムカ・イライラの原因。私たちは、過去の嫌な記憶や未来への不安に引っ張られてしまっているんです。こんなからくりがあることは頭で

理解できていても、実際は否定的な思考に陥ってしまうのは当然といえば当然。だから、そんなときこそ「今ここ」の五感にあえて集中するようにしてみましょう。「あ、嫌だ」ってからだのどこで感じた？　大きさがあるとすればどれくらい？　色に例えたら何色だと思う？　重さは？　温度は？　抽象的な作業ですが、トライしてみることが大切です。そして、あなたの「今ここ」を感じ取ったら、もうそれでおしまい。　どうですか？　少しは悪い気分が落ち着いてきたのではないでしょうか。

「ナチュラルセクシー格言」
理不尽に感じることも、実はナチュラルセクシーには必要なことなのだ

4. 五感をフルに働かせて、いい気持ちといい気分でいよう

「どうやったら、かよさんのように内側からセクシーさを醸し出せますか？」「普段の仕草をちょっと意識するだけでも、内側からセクシーになれるのかしら？」お話会や講演会を開催していると、こんなふうに言ってくれる参加者が数多くいらっしゃいます。そうです、そうです！　意識することはとても大事。ひとつひとつの動作を、〝五感で味わう〟ことだけに意識を向けるといいのです。それも、味わい方は、日々のありふれたことがベスト。例えば顔を洗うとき、流れ出す水の音、手で触れたときに伝わる温度、手のひらで顔を包む感触、洗顔料や化粧水の香りなど……。

私なら、やっぱりお料理をするときですね。

キッチンを片付けたら、木製のまな板を置いて、ざっと水で洗って水けを落とす。冷蔵庫から野菜を取り出し、新鮮な色合いを眺め、香りを嗅ぐ。こんなふうに、できるだけ日常の動作をゆっくり行うのがいいのです。

こうして日々の動作をゆっくり行っていると、次第に気持ちよくなってきたり、いい気分になってくることでしょう。日々の動作で得られる「いい気持ち、いい気分ポイント」を増やしていけば、五感が研ぎ澄まされます。毎日、一つでも、二つでもいいのです。短い時間でもリフレッシュにつながりますから、少しずつ始めてみましょう。

内側からあふれ出す色気の源泉は、穏やかで心地よく、温かいものだと私は思います。それは、女としての余裕そのものなんですよね。私の女性性開花が始まり、ハイヒールを履いたり女らしい洋服を選び始めたころ、たまたま友人のカフェのお手伝いを一緒にした女性がいました。彼女はただそこに居るだけで、とても温かい気持ちにさせてくれる女性だったのです。私は彼女に呼吸を合わせ、彼女に溶け込もうとしました。なんていい気分なんだろう。そしてなんてセクシーな気分なんだろう……。今では初対面の方にも「色気のある人ですね」と言ってもらえるかよちんですが、私の「色気スイッチ」が入った瞬間は、そこだったのかもしれません。

女性の誰もが持っている色気を感じて、それを優雅にまとうことを楽しめば、色っぽい服装や仕草をせずとも十分ナチュラルセクシーになれます。ひょっとすると、こざっぱりとした印象の女性からあふれ出る色気のほうが、かえって魅力的かもしれません。まさに、内側からあふれ出す色気を認めて輝きが増してゆく……。これが、ナチュラルセクシーの神髄だと思います。

「ナチュラルセクシー格言」
五感をフルに稼働させることで、
色気の源泉は内側からたっぷりあふれ出てくるのだ

5. あなたの好きなナチュラル系の暮らしに、ひとさじのセクシーを

ナチュラルなファッション、暮らし、生き方。そんなライフスタイル全般の提案は、今ではすっかり私たちの身近にありますね。

「からだと心にやさしい」キーワードから連想されるファッション、暮らし、生き方は、すんなりと取り入れやすいものです。そして、私はこれがお気に入りです！　って自信を持って言いやすいと思います。だって、ナチュラル系のものって敵を作りにくいし、安心感があるから。でもそれって、誰かに認められる満足感を得ようとしているだけってことはありませんか？　本当は、あなただけのナチュラルさを満たしてあげれば、どんなライフスタイルの自分でいても、評価を気にせず楽ちんに生きることができるんです。

私が提案する「ナチュラルセクシー」とは、まさにこのこと。例えばナチュラル系ファッションには体型の隠れるフワッとしたものが多く、一見、セクシーとは無縁に思えますよね。けれども露出の多い服がイコール、男性目線でセクシーに見えるかというと、必ずしもそうとは限らないのです。私が「食べることは性愛である」と同じ情熱で伝えたいのは、女性が皆持っている内側の色気を誰もが受け入れ、女性であることを面白がって楽しみ始めれば、すごく自由に生きられるよ！　ということなんです。ほんの少しの勇気を持てば、ナチュラルセクシーになれるんだよ！　と叫ばずにはいられないのです。

江戸時代まで、日本は性におおらかでした。「祭りの後は子どもが生まれる」「夜這いの文化」「春画」など、男も女もオスとメスの欲求を楽しんでいました。それが明治維新以降、キリスト教・儒教の教えが導入され、性の捉え方が大きく変化したといわれています。夫のある女性が夫以外の男性と性的関係を結ぶと罰せられる「姦通罪」の施行や、「女を楽しむのはふしだらなこと」「女性は貞淑でなくてはならない」「みだりに男性と接触することはいけない」という文化が根付いたことなどから、女性の性は固く閉じられていきました。このころから、日本人が本来、ＤＮＡレベルで持っていたであろう豊かな性への意識は抑えられてしまったのです。抑圧された女性たちが当時、一体どのようにその思いを発散していったか分かりますか？　それは、「女同士の囲い込み」「見張り」「女を楽しんだ人は皆で総スカン」……。イジメです。

でも、その実は、女を楽しんだ人への妬みです。つまり、彼女たちは抑圧された女性性を悲しんでいたのだと思います。からだはもちろん、何よりも心が満たされなかったのだと思います。その悲しさや寂しさを、女同士の集団になることで慰めていったのだと思います。

私たち女の抑圧された性と性のタブー視には、そんなルーツがあるようです。そして今を生きる私たちにも、後天的に、「女全開のあの人ってちょっと気持ち悪いし、みっともないよね」という思考が植えつけられてしまっています。でも、本当は羨ましい、心の底ではとても憧れている、というのが本音ではないでしょうか。

当時の彼女たちの気持ち、あなたも少しは分かりませんか？　ひょっとしたら昔の女性たちの集団を、あなたも普段、経験してはいませんか？　この本を手に取ってくれたということは、少なからず女性性を楽しみたいと思っているはずです。それなら今こそ、「メス魂」に白旗を掲げてみませんか？　そしてあなたの持つナチュラルセクシーに、いい意味で降参しませんか？

過去にお話会で、抑圧されていた女性性を勇気をもって告白してくださった参加者がいました。「性」が中心の会ですから、きっと彼女は参加すること自体に勇気がいったと思います。はじめは緊張しながら話されていましたが、会の雰囲気と、参加された女性たちがどんどん心を解放してゆくなか、まさかこんなことを口走ってしまうとは……という驚きで、彼女は話した直後に号泣してしまったのです。普段から仲良くしているママ友もいましたから、「こんなことを話して嫌われてしまったかも」という思いもあったのかもしれません。でも私には、それだけでなく、自分の女性性を自分が認めてあげたことへの勇気を獲得した涙、そんなふうに見てとれたのです。彼女の美しい涙と、さらにいい関係を築いていくであろうママ友の温かさ、愛。私にとっても忘れられない会になったことは言うまでもありません。

こんなふうに女性性の大切さを声高に語るかよちんですが、私もそれこそ、ナチュラルな食や暮らしを書籍や雑誌などで提案していたくらいですから、元々はナチュラル系体質です。だから、それを知っている方からすれば、性愛を伝えたり、ハイヒールを履いたり、所かまわず（笑）色気を振りまく今の私の姿には、驚きしか感じないでしょう。でも、今でもナチュラルなライフスタイルであることに変わりはありません。自分の内側のナチュラルさ。それは女性性であったり、性欲であったり。そこを自分が受け入れたから、これまで意味もなく塞いできた部分をエンジョイしたくなって、それで今は女性らしいスタイルを好んで着ているのです。

ここまで読んで、あなたも少し、試したくなってきたのではないですか？　時には、女である自分を楽しんでみたくなったのではないですか？　それは、私のようなファッションでなくても、スピリットだけでもＯＫ。あるいは、スピリットが難しければ、あえてファッションやメイク、ヘアスタイルなどの外見を楽しむのでもいいのです。勇気を持ってトライしたら、その瞬間、あなたのナチュラルセクシーが誕生するかもしれません。

あなたの好きなナチュラル系の暮らしに、どうぞひとさじのセクシーを。

「ナチュラルセクシー格言」
あなたをナチュラルセクシーへと導くカギは、
少しの勇気とひとさじのセクシー

6. パートナーのいるあなたに、セックスを楽しむことを提案します

内側からのセクシーさや色気を醸し出すためには、日々のありふれた一つ一つの動作を五感で味わい尽くし、いい気持ち、いい気分のポイントを増やしていくことが大切、とお話ししました。五感をフルに働かせることで、感じやすいからだ、官能するからだに早く到達することができます。いい気持ち、そしていい気分を日々の暮らしで味わい、セクシーさがあふれ出てくれば、その延長線上にあるセックスを、ナチュラルに受け入れることができます。セックスをナチュラルに受け入れられるということは、ひいては感じやすいからだになれた自分に、素直になれるということです。

「これまでセックスは、パートナーの欲求に応えるだけのものだったけれど、楽しくて気持ちよくなれるならトライしてみたい！」私の主催する性のお話会で、セックスレス気味の参加者が口を揃えてこう話してくれたのです。口を揃えて、ということは、複数いるということですね（笑）。

あなたも、ぜひナチュラルセクシーになって、感じやすくなったからだをパートナーに見せてあげてください。そしてどこが感じやすいのか、どこをもっと気持ちよくしてほしいのか。伝えるって、とっても勇気が要ることだけれど、きちんとパートナーに伝えてください。そしてもし、恥ずかしい、素直な気持ちを伝えることが難しい、という気持ちが強かったら、普段の暮らしでのコミュニケーションはスムーズにできているか、お互いの気持ちや本音はよく出せているかどうかを、立ち止まって考えてみてください。パートナーに素直な気持ちを伝え、感じやすい素直なからだになると、そのうち気持ちいい声も出したくなってきます。これまでは感じていてもキュッと心が閉じて、〝恥ずかしいから出せない〟だったのが、思い切って感じている自分を表現してみることで、パートナーに気持ちが伝わり、ふたりの関係性もグッと深まります。「気持ちいい……」と素直に口にすれば、パートナーにとって、この上ない喜びとなることでしょう。なぜなら、男性はセックスで女性の感じる様子を見たいから。あなたを愛している男性は、セックスであなたを気持ちよくさせたいのですから。

　言葉ではなく、まずはあなたの反応で、あなたの気持ちよさをパートナーに知ってもらうことから始めましょう。パートナーはあなたを悦ばせるために、すぐに学習します。そして、「ここは気持ちがいい」「そこは痛いの」など、あなたの気持ちをはっ

きり伝えるようにしましょう。ストレートに伝えても、パートナーは傷つきません。なぜならあなたを愛する人は、本気であなたを気持ちよくさせたいのですから、本当のことを言ってもらえてむしろ喜ぶはずです。あなたがセクシーな自分をさらけ出せば、パートナーも興奮が増します。どうぞ、あなた自身のためにも、愛するパートナーを喜ばせてあげてくださいね。

住まいの事情などで、セックスが楽しめない環境にある方は、デートやプチ旅行の予定を立ててみてもいいかもしれません。非日常でのセックスは、きっと大胆に、解放的になるはずです。

少し話がそれますが、八百万（やおよろず）の神を祀る日本の神社が、女性器を模しているという話を知っていますか？　神社と女性器のつながりは、セックスになぞらえれば参道（膣）を通ってお宮（子宮）に男性（器）が「参拝」に来ることなのです。参拝するときって、お賽銭を投げてお願いごとをしますよね？　鳥居も参道も綺麗に整備されていて、手水舎には豊かに水が流れていて、磨き上げられた拝殿のある神社。そんな潤っている神社には、きっとお賽銭も豊かでしょう。女性器もそれと同じです。愛液が豊かに潤っていて、温かでふわふわなあなたの女性器は、セックスのパートナーを満足させ、豊かさの循環を生みます。その豊かさとは「人脈・金脈・情報脈・幸運」とも関係しています。心もからだも解放し合えるパートナーとのセックスは、こんなにも素晴らしい効果をもたらすのです。

このほかにも、セルフプレジャーで自分の快感ポイントを見つけておくことは、セックスの感度をアップさせるためにもおススメです。

「ナチュラルセクシー格言」
日々の暮らしのなかに、おいしくて気持ちいい、気分がよくなるセックスを
ごはんを食べるようにセックスしよう！

7.今こそ女性器のパワーを信頼しよう

ジョージア・オキーフというアメリカを代表する女性画家が描く花は、花芯から花びらをズームアップさせたもので、それはまるで女性器を連想させます。ふっくらとしていて豊かな色彩を魅せてくれる美しい花の中心には、女性器（めしべ）、そして男性器（おしべ）が備わっていて、甘い花蜜の香り（女性）に誘われて蜜蜂（男性）がやってくるなんて例えもあるほど。また、「女は花であり華」と讃えられたりもします。

私はいつも、在るがままに咲きほころぶ花をセクシーだなと思います。そして私たち女性も、在るがままでセクシーな存在であり、完璧な存在だと信じています。

女性は、膣と子宮という、命を宿し育む器官を備えてこの世にやってきました。先程お話しした、神社と女性器のつながりを命の誕生（妊娠、出産）に当てはめて考えると、初潮を迎えた女性は、そこで初めて妊娠可能なからだになります。セックスをして妊娠し、膨らんでゆくおなかの中では、命を宿した赤ちゃんが10ヶ月をかけて成長していきます。陣痛は「神（が）通（る）」と同じ音を持ち、赤ちゃんは産道「参道」を通って出てくる。子宮は「お宮」。神社が「あの世」と「この世」をつなぐ場所であるように、女性器を備えて生まれた女性のからだは、魂という肉体を動かすパーツを、あの世から女性器に取り込んでからだを大きくさせ、そして命がこの世に生まれ出てくるのです。

この話は、学術的な検証をもとにしたものではありません。ですが、「中間生（おなかに入る前）記憶」を持つ子どもたちの存在が知られており、「空の上からお母さんを選んでおなかに入ってきた」との多くの証言があるのです。これは、あの世から眺めていた魂たちのことだと私は信じています。

女性は、あの世とこの世をつなぐ存在……。なんと神秘的なのでしょう。そしてそんな女性器を備えている自分のことを、凄いと思いませんか？　どこにもない、あなたの中にある最強のパワースポット♡　だから、この際、遠慮なく信頼しちゃいましょう！　そして、どこの神社よりも、まずはあなたのパワースポットである女性器に目を向けて、潤いのある状態にしてあげることを心がけましょう。

「ナチュラルセクシー格言」
女性に生まれてきた私に、心からのありがとうを伝えよう
自分を信頼することこそ、ナチュラルセクシーなのだ

8. 自分の性器を愛でてあげよう

男性器と違い、内側に包まれていて、自分では見られない場所にある女性器。お話会などで、「自分の女性器、鏡で見たことありますか？」と聞くと、見たことがないという方がほとんどです。でも、それもそのはず。足を広げて、手鏡でお股を覗く自分って、なんだかちょっと気恥ずかしいですものね。というか、そもそも性にまつわる行為って、どれもちょっと恥ずかしいスタイルですよね。

「女の子なんだから、お股を広げちゃだめでしょ！」って、大人に言われたことはありませんか？　子どもはきちんと言葉にすることができないから、そんなふうに叱られたとき、何も言えなくて、「私のあそこは恥ずかしいんだ」って思ってしまったり……。でも、恥ずかしいところなんだと思うと逆に興味が湧いてくるのは自然なことですよね。

私も、母から「女の子のおちんちんは大事なところだよ」と聞かされていました。

大人になったあなたが、今もそこが恥ずかしい場所であったとしたら、この機会に「私の可愛いところ」に昇格してあげませんか？

見た目は決して可愛いとはいえませんが（笑）、女性にしかない大事なパワースポット。やさしい気持ちで見つめてあげると、いつしか愛おしい存在になってきます。

今まで恥ずかしがってごめんね、ずっとちゃんと見てあげなくてごめんね。パートナーには見せてきたけれど、あなたがいちばんの私のパートナーだったね。もっともっと大事にしたいから、もっともっと快適な場所にしたいから、これからもよろしく。そしていつもありがとう。

そんな思いがあふれ出すと、もっと気持ちのいい場所にしておきたくなって、デリケートゾーンのケアにも気を遣えるようになります。

いい気持ちで、いい気分で。あなたのからだの感覚を味わいながら、ゆっくりと愛でてあげてくださいね。


「ナチュラルセクシー格言」

パワースポットも愛するパートナーといえるのは、ナチュラルセクシーな女だけ！

9. 自分の性欲を受け入れて、ナチュラルセクシーに磨きをかけよう

私が自分の女性性を受け入れ始め、女性にも性欲があって当然だし、それを楽しんでいいんだ、と気づき出してから、「まぐあい仲間」と称した男女混合の集まりと知り合い、そこで剣持奈央さんの著書『幸せなセックスの見つけ方』（河出書房新社）と出合います。彼女は、セルフプレジャーのことを〝ひとり宇宙〟と名付けていて、この言葉を知ったとき、なんてチャーミングなネーミングなんだろう！　とワクワクしたことを覚えています。奈央さんは、ひとり宇宙を経験することで、心とからだのバランスが整いだし、本来の自身が取り戻せて「女性であるだけで愛される存在なのだ」と気づくことができたといいます。当時のまぐあい仲間たちは、それぞれの到達点や人生の目的について、とても真面目に語り合っていました。性欲って、人とつながる欲求をいいます。それを知ったとき、私の心とからだは、とことんそれを求めていたんだなぁと。そして、セルフプレジャーは、まずは自分としっかりつながろうね、

自分が自分を解放させてあげようね、というメッセージだったのだと気づきました。

余談になりますが、赤ちゃんでさえ、自分のからだから出ている部分を触ると気持ちがよくなることを本能で知っているそうです。不安なとき、大事な部分を無意識で触って安心感を得ている、なんて話を聞くこともあります。

セルフプレジャーをすると、陰核（クリトリス）から小陰唇、大陰唇に広がる神経組織の血流が増加し、膣壁からは愛液が十分に分泌されます。潤いに満ちてふっくらとした気持ちのよい女性器は、自分で生み出すことができるのです。後ろめたい、気恥ずかしい、セックスの相手がいないからしているだけみたい……なんて思う必要はありません。自分のからだの敏感な部分をどう触れられたら最高に気持ちよくなるのかを分かっている方が、パートナーとのセックスも楽しめるのです。そして、セルフプレジャーをすると、心やからだ、スピリチュアルな面まで、いいことがたくさん起こります。

・オーガズムとともに溜まっていた抑圧の感情が排出、解放され、生きることが楽になります（膣には、命や性の否定、我慢の感情が記憶されるといわれています）。
・血流脈が張り巡らされることで「人脈・金脈・情報脈・運」というご利益脈が得

られます（運気がUPするので、願いが叶いやすくなります）。

・女性ホルモンの分泌力が上がることで、美肌になって女らしい体つきになり、キレイでセクシーになります。

・パートナーとのセックスがより豊かなものになります。

・ポカポカ自家発電の、あたたかなお股になります。

・常にいい気持ちといい気分を味わえて、リラックス効果が得られます。

実は、女性性を受け入れる前の私にとってのセルフプレジャーは、不安感を消すものでしかありませんでした。セルフプレジャーを行うことでからだの力が抜け、安心して眠れたのです。当時は苦しさに任せて泣いたり叫んだりを繰り返していましたが、それはまさに、抑圧された感情を吐き出している行為だったのかもしれません。そしてそのころは自分を受け入れられなかったため、どんなに周りに「かよちゃん、キレイになったね」と言ってもらっても、社交辞令だと素直に受け取れない自分がいました。けれども女性性の解放や性欲を自然に認められるようになってからは、セルフプレジャーを心から楽しめるようになると同時に、自分を好きになり、色気も楽しめるようになりました。

女性器は、ハッピー、ラッキーを引き寄せられる大事なスポットです。
女に生まれた幸せを、パワースポットを通してぜひ、噛みしめてくださいね。

「ナチュラルセクシー格言」
セルフプレジャーで自分とつながり、宇宙ともつながれる女性は、
丸ごとナチュラルセクシー
まずはあなたという最愛のパートナーと出会おう！

10. 自分が愛おしくなる魔法の言葉は、セルフプレジャー中の「好きだよ、愛してるよ」

私はセルフプレジャーをするとき、自分のからだにやさしく触れながら、「かよ、好きだよ、愛してるよ」と言っています。私を愛してくれる人をイメージしながら……。すると、もうそれだけで全身の細胞が立ち上るかのようになってきて、たとえ性器に触れていなくてもオーガズムに達する感覚を味わうことができます。時には嬉しすぎて、魂から涙があふれてしまうこともあるくらい。

私は、心もからだもまるごと、このままで愛されている。

この喜びが、性器へのタッチで得られる気持ちよさを、さらに官能的に高めてくれます。「きれいだよ。かわいいね。なめらかな肌だね」。自分のからだに触れながら、そんな言葉をかけてあげてください。そして性器の快感を高め、オーガズムを迎えてください。さらに自分自身をさらけ出したら、小さな手鏡で「イク私」を見てください。快楽に高まったあなたの表情を、じっくりと見つめてあげてください。これこそが、究極の自愛だと思います。

セルフプレジャーは、自由な妄想を駆り立てて楽しむことが大切です。それは、その時々のシチュエーションでオーガズムの波も、快感の時空に舞うひとときも変わるから。官能に満ちあふれたあなたは、とても魅力的です。自分だけしか知らない、秘めたる官能力を存分に味わうことが、ほかの誰にも醸し出すことのできない「色気」につながります。実は、セルフプレジャーの効能は、こんなところにもあるのです。

もし、あなたにセックスのパートナーがいるなら、「イク瞬間の顔を見てほしいの」とお願いしてみてください。あなたを愛する人は、あなたの魅力的な部分をたくさん見てみたいでしょうし、オーガズムを迎えたあなたの表情も、きっと見たいはずですから。そうすることで、ふたりのセックスはますます幸福感に満ちたものになることでしょう。

「ナチュラルセクシー格言」
好きだよ、愛してるよ、の言葉をいちばん投げかけてほしい相手は、
鏡に映っているもうひとりのあなた

COLUMN

ナチュ☆セクライフに欠かせない、オンナを上げるアイテム

ナチュラルセクシーになるには、ココロ、カラダ、アイテムを女性らしいものにしていくことが大切です。まずは、興味のあるものから取り入れて、一歩ずつ、ナチュラルセクシーの階段を上っていきましょう！

「会うだけで癒される♡ナチュラルセクシーカウンセリング」

（90分3万円・回数券割引有）

心理学のメンターからも、「その場にいるだけで癒やしが起きる稀有《けう》な存在」といわれる、きむらかよのカウンセリングです。かよちんが自ら、心理学、性愛学、スピリチュアルの視点から、あなたのナチュラルセクシーの扉を開きます。

「かよめし」

かよちんが料理している姿を見つつ、ブッフェ形式で試食しながらナチュラルセクシーのトークに興じる料理教室イベントです。〝食べるって、セクシー〟が実感できます。

このほかにも、出張お話会やネーミングコンサル、講師依頼なども随時受け付けていますので、申し込み希望の方は、こちらからお申し込みください！

「iroha」

https://iroha-tenga.com/

かよちんがイチ押しするセルフプレジャーアイテム。女性のセルフケアのひとつとして、「からだが求める気持ちよさに応えることは、自分をもっと大切にしてもいい」「女性らしくを、新しく」をコンセプトにしたブランドです。私自身がこのアイテムのファンで、親しい人に勧めたり、友人にプレゼントしたりしています。フォルムも手触りもやさしくて可愛らしいのが最大の特長。そして何より、とても気持ちいいので癒やされます♡

「またまわた　ドロップスの木」

https://www.facebook.com/irohima-ma/

　女性器は、温めることが大切です。ナチュラルセクシーになって内側からの色気があふれ出せば、女性器は潤いを帯びて温かくふんわりします。「またまわた」で外側から女性器を温めれば、効果はさらにUP！　普段使いはもちろん、体調が不安定なときにも活躍します。布ナプキンと併用すると、さらに温かなお股になること請け合いです！（またまわたの名付け親は、何を隠そう、私、かよちんです☆）

「AROMEDICA フェミノール」

https://www.facebook.com/AromedicaJapan

女性のデリケートゾーンの消臭・洗浄にオススメのボディ用オイル。天然植物性由来の精油で、ローズやイランイランなどのセクシーな甘い香りが魅力です。このオイルでマッサージすると、バストアップ効果も得られるとか!? オーガニックコスメを取り扱っている「ビープルバイコスメキッチン（Biople by CosmeKitchen） http://biople.jp/」で購入できます。

「アンティーム　フェミニンウォッシュ・ホワイトクリーム」

http://intime-cosme.com/html/page1.html

「潤うからだ」の著者で植物療法士の森田敦子さん監修による、デリケートゾーンの洗浄&美容クリーム。イランイランに柑橘系の香りがプラスされた、高揚感高まる香りです。デリケートゾーンを丁寧に扱うことこそ、何よりの自分へのおもてなし！　と信じて疑わない、かよちんが今イチ押しするアイテムです。

第5章
ありのままの自分にYES
そのままのあなたを
表現しよう

1. 肌の触れ合いは、あなたが思うよりも重要なのです

ここで、私の生い立ちを少し。

40数年もの長い間、私は自分のことが嫌いでした。小さい目、団子っ鼻、ぼんやりとした顔の輪郭、太り気味の体型……。自分に自信が持てなくて、いつもまわりを気にしながら生きてきました。外見も、内面も、誰かに褒めてもらわなければ女性として資格がないと、つい最近まで、本気で思い、信じて疑わなかったんです。でも、本来の私は、おちゃめで明るい女の子。そんな私を、両親はとても可愛がってくれました。

私が4歳のときに、妹が生まれました。妹には、脳性麻痺と四肢の障害がありました。思えばこのころから、自分を抑えることを覚えたのかもしれません。「かよはお姉ちゃんだから」「妹が障害者だから、あんたは強くいないといけないよ」。両親からそう言われて、でも、どう強くあればいいのか分からなかった私は「お姉ちゃんだから我慢をする」という判断をしました。

我が子に障害がある事実にショックを受け、悲しみ苦しんでいた両親を、幼い私は肌で感じ取っていたのかもしれません。「私が我慢をすれば、お父さんとお母さんは喜んでくれるに違いない」と。

幼かった私がしようとした我慢って、なんだったと思いますか？　そう、甘えることです。今でも思い出すのは、家族４人、並んで布団に入ったある夜のこと。父と母の真ん中で寝ているのは、赤ちゃんの妹。私は左端。まだ4歳。「寂しい」「私も真ん中で頭を撫でられたい」。でも我慢しなくちゃ。だって私はお姉ちゃんだから。思わず涙が出た私は、その涙を隠すため、布団に潜り込んで泣きました。遠い昔の出来事ですが、今でもその情景をはっきりと思い出すことができます。

寂しいとき、不安なとき、怖いとき。そしてもちろんうれしいときにも、身を委ねて感情の丈を出して甘えるということ。甘えて抱きしめてもらい、触れてもらうことで得られる安心感。それをしてもらうことで、どんな自分でも大丈夫なんだという自己肯定感が生まれます。

肌の触れ合い、ぬくもりに包まれて〝甘える〟を満たしてあげること。これは決して子どもに限りません。むしろ私のような、幼少期に甘えることができなかった人や、十分仕事をしても「まだまだ足りない。もっとこなさなければ」と頑張りすぎてしまう人などは、安心するところに身を委ねることが大切です。

あなたが安心するところは、どこですか？　肌の触れ合いを通じて、本来の裸の自分でいられるような、そんなところ。誰の評価を得なくても、ありのままの自分でOKなんだと思える場所……。

肌の触れ合いを通じて、自分を受け止め、愛してあげてください。そしてナチュラルセクシーな自分に酔いしれてください。なぜなら、肌の触れ合いは、愛し愛されることを実感できる、極上のエネルギー交換なのですから。

さて、最後にまた私の話を。

ナチュラルセクシーな自分に目覚め、女性であることを楽しみ始めた私は、このルックスがいいじゃない！　とまで思えるようになりました。すごい進化（笑）。自分が嫌いだったころは、「かわいいね」と言ってもらっても、素直に受け取ることができなかったのに、ずっと求めていた肌の触れ合いを手に入れ、甘えることができるようになってからは、本来のおちゃめで明るい私でいいんだと思えるようになりました。

この世に生まれて寿命を迎えるまでの間に、人はどれだけ肌の触れ合いを必要とするのだろう？　と考えることがあります。
肌と肌の触れ合いは、人と人がつながる大きな原動力になります。皆さんも、思う存分、触れ合う人生を楽しみましょう。

「ナチュラルセクシー格言」
肌の触れ合いは、極上のエネルギー交換
裸の自分でＯＫな場所に身を委ねよう

2. 作り込まれた世界への疑問

自称「お菓子焼き人」、お菓子研究家、料理家……。肩書きはその都度違いましたが、私は長く食の世界で活動しています。2015年末から新たに「性愛セラピスト」と名乗り始めてからは、直接だったり風の噂で、「あの、絵本から生まれたレシピ本を出したきむらかよさんが性愛？」、「ベジタリアン料理教室を開いていたあの人がそんな生々しいことを始めたの⁉」と言われるようになりました。〝なんだかちょっと気持ち悪い〟と言われたことだって、1度や2度ではありません（笑）。多くの皆さんが、きむらかよは180度路線変更をした、と思っておいでです。けれども私にとっては、性愛との出合いは至極当然なもので、「今」が本当の私なんです。

食の世界で活動をしてきた私ですが、ずっとモヤモヤしていた思いがありました。それは〝何かが足りない〟という思い。私は自分でスタイリングも撮影もして、お菓子や料理写真を撮ってきた経験があります。どんなにお気に入りのスタイリング小物を使って自分の作品を眺めても、何かが違う。確かにキレイなんだけど、ちっともおいしそうに思えない。どうして？　と同時に、私と同じように作品を残される方の料理を見ても、作られた美しさは感じられるけれど、胸の高鳴りは覚えませんでした。今思えば、この疑問こそが、当時はまだ意識もしていなかった「ナチュラルセクシー」の原点だったのかもしれません。

私がお菓子や料理に感じたいのは、その先にある物語です。誰が食べるのか、誰と食べるのか、どこで食べるのか、そして食べてからは……？　息遣いまで感じられるような、色気にあふれた世界観。無造作に作られた料理に醸し出される魅力とでもいいましょうか、それらが足りないと思っていたのです。私が参加者の息吹を感じながら、トークしながら料理するクッキングライブが好きなのも、そしてその場のハプニングを楽しんでしまえるのも、料理から生まれるその先のストーリーを大切に思うから。その先のストーリーの中に、当時は塞いでいた「性愛」が実はあったのだということが、今になってようやく分かった気がします。フィクションの料理、そしてその料理のスタイリングに興味を持てなくなった私でしたが、こんな出来事が、私に大きな気づきを与えてくれました。

たくさん本を出版させていただいたことで、プロのカメラマンやスタイリストと出会う機会が数多くありました。あるとき、ガスオーブンの火力のアンバランスで、焼きムラができたことがあったのですが、彼らは「この焼き加減がおいしそう」と言ってくれたのです。また、別の日には、スコーンが均等に丸められていなかったため、形にバラつきが出たのに、そのときも「このまばらな形がかわいらしいね」と褒めてくれ、私の作った料理の世界観をグッと引き出してくれたのです。彼らにとって魅力的に映ることが、実は作り手が思うできあがりの不格好さだということを、このとき初めて知りました。

完成度の高さばかりを求めていたそのころの私は気づけなかったけれど、今なら分かります。料理も自分自身も、完璧であることが重要ではないのだということに。

「ナチュラルセクシー格言」

食も性も、完璧を求めていたら、ナチュラルセクシーにはなれない

3. 正しい生き方なんてない

子どものころの私は、自分がやりたいことがあったときに両親から、「かよが思うほど簡単なことじゃないから、やめたら？」と言われると、残念だな、とは思ってもあきらめてしまうタイプでした。また、両親は、私がどう思うか？　私が本当は何をやりたがっているのか？　ではなく、歩きやすい、ほどほどの人生を選ぶよう、薦めてくれました。「失敗したらかよが可哀想」。この言葉も大人たちの私への「愛」だったのだと思います。反抗？　そんなこと、できるはずありませんでした。だって、私は言いたいことを言うことも、やりたいことをやることもできなかったのですから。「かよはいい子に育った」。在りし日の母に、父がそう言ったことがあるそうです。本当は、良い子を演じていないと生きていけなかっただけなのに……。大声で喜ぶと「うるさい！」と一喝され、父のひざの上に乗ろうとしたら「来るな」と払いのけられました。車から降りるときは「早く降りろ！」、「グズグズするな！」、「もう一度言ってみろ！」「嫌な態度を出すな！」……。そして父の機嫌ひとつで、私は母のいない部屋で中学生のころまで父にビンタをされてきたのです。

父の何が、彼の人生を曇らせていたのだろう？　父もまた、親の愛情をたっぷり受け取れなかったのだということは、親である今の自分なら、手に取るように分かります。そんな父を思いどおりにさせたのは、母でした。そして母もまた、愛のもとに父の機嫌伺いをして　父のやり方にじっと我慢をして、家を保ってきたのです。そんな母と父、2人の感情を、幼い私は引き受けなければ生きていけませんでした。

「かよちゃんは大丈夫だね」「かよは分かってくれるね」。何か困ったことがあると、母はよく私を諭すようにこう言いました。もちろん答えはイエス……。間違えたら怒られる。違うことを言ったら馬鹿にされる。だから、私は父の考える正しい道に外れずに物事を考えるようにしてきました。父に評価されるとうれしく、そして誇らしかったのも事実です。でも、父は2位ばかりを取る私に「次は1位だな」と言って、2位の私を褒めようとはしてくれませんでした。いえ、ひょっとしたら褒めていてくれたのかもしれません。けれども残念ながら、父の思いは私には伝わってきませんでした。

今、肌のぬくもり、肌の触れ合いの大切さを伝えている私ですが、実はそれらを十分に受けないまま大人になりました。小さいころの私は、肌のぬくもり、肌の触れ合いを「恐ろしいこと」と思い込んでいたので、そんなもので心が満たされるなんて思うはずもなかったのです。

肌と肌の触れ合いがもたらすものは、人間としての情感を養います。そして私は、40代半ばを過ぎて初めて、自分と真正面から向き合う覚悟を決めました。他者（親）の軸から離れることはもちろん簡単ではなかったけれど、でも、本当の意味で自分で生きる覚悟を決めたのです。それができるようになったのは、弱い自分、醜い自分、父の思う正しい道など歩めない（歩まない）自分を、それでも私は受け入れるよ、抱きしめてあげるよ、と自分に自分で大きなハグを与えられるようになったからです。

自分の肌のぬくもりの心地よさは、からだの快感にもつながります。心、からだ全部で自分を愛せるようになって、私を愛してくれる人たちと本当の意味で向き合えるようになったのです。これは、父に対しても言えることです。もちろん、過去のトラウマが完全に消えるわけではありませんが。

……なんて、いろいろ書きましたが、本当の意味なんて、実際見えないし、あるのかどうかも分からないですけどね。〝正しい生き方〟がないのと同じように。

「ナチュラルセクシー格言」

ナチュラルセクシーに、正しさは求めない！

4．心ストリッパーであり続けよう

「心ストリッパー」とは、自分にうそをつかない人のことです。自分にうそをつかない選択、生き方をしている人は、他人に正直な自分をさらけ出せます。逆に言えば、他人にいい顔、いい人の振りをして自分の本音を隠してしまう人は、自分の心をストリップできていない証拠。自分にうそをついているのです。これって、実は自分に対するバロメーターになります。そして自分のどの部分にいい顔をしたいのか、いい人に見せたいのか、意識して見つめてあげると、自信の持てない部分がどこか手に取るように分かってしまうシステムです（笑）。

自信が持てないことで試行錯誤を重ね、努力して自信をつかむのは素敵なことです。でも、「自信が持てない＝実は嫌いなこと、苦手なこと」という本音が隠されていたら、頑張ってその自信（のようなもの）を手に入れたとしても、ちっとも楽しくないですよね。「頑張る＝自信」という図式にあてはめると、もっと自分が分からなくなってきてしまうこととでしょう。

あなたが好きなことはなんですか？　あなたが心から好きなこと。実は、それこそがあなたの才能なのです。好きなことに夢中になっているときって、頑張っている感覚ってないですよね。それが自ずと、自信になっていくものなのではないかな、と私は思います。自信は〝取りにいくもの〟ではなくて、〝身についていくもの〟だと。

心ストリップショーの主演はあなたです。あなたは何が好きですか？　何をしているときが楽しいですか？　そして、かよちんが絶対に聞きたい質問（笑）！　好きな食べ物はなんですか？

ストリッパーのあなたに、とにかく自分は何が気持ちよくて、何が気分がよくてご機嫌になれるのか、たくさん質問してあげてください。そしてもし嫌いなものがあふれてきたとしても、それはスルーしてＯＫ。何しろストリッパーは観客（である自分）にありのままを見せて、その美しさに魅了してもらうことが大切なのですから。自分で自分を魅了できる存在に仕立て上げてください。そして誰よりも、ほかならぬ自分のことを見つめてあげましょう。

ナチュラルセクシーになると、内側からの色気を引き出せると同時に、内側の自分にも正直でいられるようになります。だから心はいつもストリッパー。女性として、そして人としてゆとりがある様子は〝セクシー〟のひと言に尽きます。また、自分に

うそをつかないでいると、「これは違うな」などのちょっとした違和感にも敏感になれます。自分を大事に扱う術も心得ているから、わがままに自己主張をするのとは違い、軽やかに自分の思いを伝えることができます。それは結果的に、他者と協調し合えるよりよい人間関係につながるのです。

心ストリッパーは自分にもまわりにも最強です。そんなあなたのまわりには、これまた自ずとあなたの応援者が次々に現れます。そして、あなたの応援者もまた、心ストリッパーになることを夢見て、あなたと同じように劇場に立ち、続々と心ストリッパー＝ナチュラルセクシーが増えていくでしょう。

以前、ナチュラルセクシー仲間から、「かよちんのように自分らしく生きている人と接すると気分がよくなるわ」と言われたことがあります。自分はもちろん、ナチュ☆セク同士の心も気持ちよくさせられることができるなんて、なんて幸せなことなのだろうとうれしく思ったことを覚えています。これからも軽やかに、しなやかに、ずっと心ストリッパーであり続けたいと思っています。

「ナチュラルセクシー格言」
顔で笑って心で泣くより、思い切ってグシャグシャな泣き顔を見せよう
さらけ出すことで、必ずナチュラルセクシーの道は開けるのだ

5. ナチュラルセクシーは「今ここ」をご機嫌でいることで、あなたからあふれ出します

これまで、ナチュラルセクシーになるためのヒントを具体的にお伝えしてきました。「いい気持ちといい気分でいること」、「セックスを楽しむこと」、「女性器のパワーを信頼すること」、「自分の性器を愛でてあげること」、「セルフプレジャーを楽しむこと」、「心ストリッパーでいること」。これらのヒントに共通するのは、ひとつの答えが必ずしも存在するわけではないということです。

〝愛〟の存在でしかない女性の感受性、共感性、受容性は、私たちが思うよりもずっと強く果てしないもので、女性が１００人いれば１００とおりの感じ方、感覚があります。だから、数多ある情報に惑わされないようにするために、自分の感覚に集中することがとても大切になってきます。

「今ここ」。瞬間瞬間の感覚だけしか、現在地点はあり得ないのです。今ここをご機嫌でい続けることが、不安のない未来を作り出します。そうすれば、もし過去がつら

かったとしても、そこに引っ張られることは少ないでしょう。女性のもたらす魅力を最大限に活かすためには、あなたは「今ここ」にあり続けていてほしいのです。

このことに気づいてから、私はもっと「今ここ」であろうと決意しました。そしてもっともっとナチュラルセクシーであり続けられるんだ！　とうれしくなりました。いい気持ちといい気分＝ご機嫌でいること。

「ナチュラルセクシー格言」
ナチュラルセクシーは、ご機嫌なあなたからどんどんとあふれ出します

COLUMN

0歳から思春期までの性教育ダイジェスト♡ a l a かよちん

0歳から6歳まで ↓子どもが興味を持ったタイミングが性教育のはじまり

おなかの中の赤ちゃんが、オナニーをしていたという話を聞いたことがありますか？　私たちは、性器を刺激すると気持ちよくなることを、幼いころから無意識に知っています。このころに、男女問わず性器をいじったり、こすりつけたりして快感を得る子もいますが、それは単に気持ちいいからしているだけで、性的な意味はありません。もし、子どものそんな様子を見てしまったら、どうかその驚きを子どもに悟られないように、そしてその行為に嫌悪感を抱かせないようにしてあげてください。また、あなたがうっかり素の表情を見せてしまったら、子どもを抱きしめ、「ごめんね、びっくりさせちゃったね」。

言葉がまだ分からなくても、そう声をかけてあげてください。そして自分のからだの洗い方を覚える2歳くらいになったら、性器の洗い方を教えてあげるといいと思います。なぜなら、普段から性器を見る習慣が身につけば、性へのタブー感も薄まるから。特に男の子の場合は、お父さんが洗い方を教えてあげるとベスト！

この時期の子どもは、男女の違いに意識を向けることもなく、どんなことも素直に吸収します。「うんこ！　おしっこ！　おちんちん！」などと無邪気に言って、はしゃぎますよね。でも、ちょっと恥ずかしそうに言っていませんか？　誰に教えられたわけでもないのに、恥ずかしいことを言っているという表情を見せる子どもがほとんどです。私は、この感覚が、思春期で爆発する性エネルギーの芽生えなのではないかと思うのです。

こんなふうに、無邪気に性に興味を持ち始めたら、そこからが性教育のスタート。大人が思う性教育はまだ早い、という意識は、今では遅いといわれていますから、この時期がオススメです。

水着を着用する際に隠れる場所（男女の性器・女子は乳房も）を、プライベートゾーンといいますね。プライベートとは他人に見せない、触らせない、大事なところという意味です。セックスの話を小さな子どもに伝えるとき、「大人になって○○ちゃん（くん）の大好きな人だけが、そこをさわってもいいんだよ」と、物語を聞かせてあげるようにお話してあげられたら素敵だなと思います。6歳までに、男女のからだのことやセックスの仕方を知っておくと、思春期以降の「セックスしたい」欲求が活発になるころ、生かされるといいます。今は、性教育を題材にした絵本なども書店に並んでいるので、それらを活用して、ぜひ性教育を取り入れてみてください。

7歳から思春期まで→同性の友達集団によって多くを学ぶ

これまでは、男女入り乱れてワイワイ遊んでいたのが、この年齢を境に男の子集団、女の子集団に分かれてつるみ始めます。そしてこの時期に、大人になるための準備ともいえる社会性を身につけるといわれています。また、男女が分離して行動するころ、からだの変化も始まるのです（第二次性徴）。

このころの女の子は、トイレも一緒、お弁当を食べるのも一緒、歩くときは女子同士で手をつなぐ、など、今思えばなんであんなにべったりだったんだろう？

と思うほど、女友達と密着しますよね？　実は、女の子は、この女友達とべったり過ごすことで、恋愛のトレーニングをしているのだそうです。

「私たち仲良しだよね♡」と言っている一方で、実は友達をライバル視していたり、自信が持てなかったり……。リアルな恋愛に憧れを持ちつつも、なかなか踏み込めなかったりした経験はありませんか？　実はこれ、全部私が思春期に感じていたことです。当時は自意識過剰が過ぎて自己コントロールが難しいと思っていましたが、今思えば、真っ当な成長過程だったようです。友達との関係、そして恋愛の話。たくさん話して相談に乗ってもらって、時には背中を押してもらったり、先輩と恋愛している友達の話にときめいたり……。いずれ、性エネルギーが充満して「セックスしたい」年齢が訪れます。これまで女友達と恋愛シミュレーションをしていたのが、いよいよ本番にさしかかるのです。そして彼氏や彼女ができたとき、避妊の話ができる親子関係であればいいなと思います。6歳までの性教育がなされていたら、これもスムーズに伝えられそうですね。

若者の性事情は、時代とともに常に変化しています。大人の私たちが、私たちの性を豊かに受け止めることと同様に、愛する子どもたちもまた、愛するパートナーと幸せなセックスを楽しんでほしい……。親である私たちは、子どもたちを、そんな大きな心で見守っていけるといいですよね。

「ナチュラルセクシー格言」
小さなころからプライベートゾーンの大切さを伝えていけば、
ナチュラルセクシーは自然に花開く

あとがき

自分のことなんて、自分には分からないものです。自己紹介をするときに、あなたはどうやって自分のことを人に伝えますか？

「○○出身で、○○歳で結婚をして、○○歳で出産しました」。この3つが、あなたを構成するものではないことは分かりますね。それにこの3つの要素を満たす人は、おそらく日本中に大勢いると思います。あるいは、「これが好きでこれが嫌い」「私の大切なものはコレ」「オフの時間はこんなふうに過ごしています」など、もう少しプライベートに踏み込んだ部分を話したとしても、あなたを構成している（ように思える）多くのものって、どこまでいっても自分そのものではないことに気がつくのではないでしょうか？

誤解を恐れずに言うと、自分なんていうものは、ないのではないかと私は思います。それに気がついたときから、私は、自分ってこんな人だから、といった自分へのこだわりが消えました。それと同時に、気持ちがすっと楽になり、肩の力が抜け、ゆとりが持てるようになったのです。

ナチュラルセクシーとは、生きとし生けるものすべてが持つ、放つ、内面から湧き出る色気を自分の中に見つけ、それを認めることでゆとりを持って軽やかに、楽しみながら自分を表現していきましょう！　という提案です。私は、自分へのこだわりを捨てたことで、結果、なりたかった自分になることができました。なりたかったことさえ気づけなかった本来の女性である自分にようやく気づき、そしてなることができたのです。

〝当たり前のことを知る〟って、実はとても難しいことなのかもしれません。新しい自分の生き方を求めることを、自分探しなんていいますが、もう、外側に自分探しを求める旅は、終わりにしませんか？　なぜなら、あなたの青い鳥は、あなたの内側にあるのですから。

皆さんが生まれながらにして持っているナチュラルセクシー。そして食べることと愛し合うこと。それはまず、ご自身を眺めることから始まります。

おいしく、そしてセクシーに♡　どうぞ、この本をいつも手元に置いて、女性性を存分に味わってください。この本がもし、あなたの相棒のような存在になれたのなら、私はとても幸せです。

この本の執筆期間中、私はずっと大きな繭の中で守られていました。そのおかげでナチュラルセクシーをじっくり見つめ、味わい尽くす旅に出ることができたのです。そんな環境を与えてくれた周囲の理解があって初めて、この本は生まれました。私を応援してくれた、すべての皆さまに心から感謝いたします。

みらいパブリッシング代表の松﨑義行さん、編集の諸井和美さんには、出版に際して大変お世話になりました。あたたかな眼差しにいつも励まされました。私のナチュラルセクシーが導く先に出会った、㈳日本性愛セラピスト協会代表理事の田中みっちさん、かげした真由子さん。心から尊敬する素晴らしいセラピストであり、常に多くの女性をその愛でサポートしていらっしゃるお2人には、今回、多くの力を授けていただきました。

「癒吉《ゆきち》キッチン」オーナーのワンコさん、チーフ、看板娘の田中ノリちゃん。お店のドアを開ければいつも「かよちん、おかえり!」と笑顔で迎えてくださるから、私にとって芦屋は、第二の故郷になりました。おいしいごはんを、いつもありがとう☆JSTA（日本性愛セラピスト協会）事務局のさえさん、あきちゃん、しずかちゃん、アッコさん。TT（性愛セラピストトレーナー）の仲間たち。そして私をこれまでずっと見つめてくれていた友達。出会ってから今まで、ずっと向き合ってくれた夫、私たちのところにやってきてくれた大切な一人息子。そして……。父と母。あなたたちが愛し合ってくれたから、私はこの素晴らしい世界を味わうミラクルチケットを手にしました。出会えた存在すべてに、感謝と大きなハグを捧げます♡♡

そして何より、この本を手にして下さったあなたに。

あなたのさらなるナチュラルセクシーの輝きが、この先の人生をより味わい深くしてくれますよう、心から願っています。

うるおう艶女の生き方料理人

きむらかよ

きむらかよ

（一社）日本性愛セラピスト協会認定マスタートレーナー
NLP マスタープラクティショナー
プロコミュニケーター
スピリチュアルリーディングセラピスト
リマクッキングスクール師範課修了
製菓衛生師

子どものころから菓子作りや料理が好きで、30代からプロのお菓子・料理家としてスタート。「ぱぴえ堂」というブランドを立ち上げ、東京や名古屋のカフェに生菓子・焼き菓子を提供。自宅をカフェに見立てる「おうちカフェ」を提唱。「かよさんのおうちカフェ 12ヶ月のお菓子レシピ」、「絵本からうまれたおいしいレシピ」(ともに宝島社)など、数々の料理本を手がけ人気を博す。2015年、幼少時代から抱えてきた心の闇を「性愛」の視点で見直すことにより解放。女としての自分を謳歌し始める。その経験から、各地で女性のための性のお話会や、トークと料理を楽しむ〝かよめしキッチン〟を開催、マスコミからも注目を集めている。2017年秋からは料理教室も開催。
お問い合わせ先メール：papierdo@gmail.com

きむらかよの本

だいすき！
絵本からうまれたおいしいレシピ
宝島社

絵本からうまれたおいしいレシピ
SELECTION
宝島社

卵・乳製品・砂糖を使わない
やさしい玄米のお菓子
河出書房新社

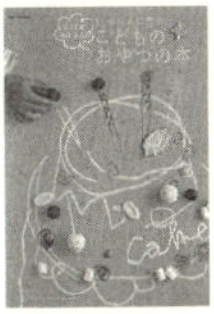

ぱぴえ堂・かよさんのいっしょに作る
こどものおやつの本
主婦と生活社

かよさんのおうちカフェ
12ヶ月のお菓子レシピ
宝島社

絵本からうまれたおいしいレシピ
子どもと一緒にごはんづくり
宝島社

絵本からうまれたおいしいレシピ 3
宝島社

絵本からうまれたおいしいレシピ 2
～絵本とお菓子の幸せな関係～
宝島社

絵本からうまれたおいしいレシピ
～絵本とお菓子の幸せな関係～
宝島社

ごはんとセックスの
おいしい関係
かよめし　ナチュラルセクシー

2017年10月25日　初版第1刷

著　者　きむらかよ

発行人　松﨑義行
発　行　みらいパブリッシング
東京都杉並区高円寺南4-26-5 YSビル3F 〒166-0003
TEL03-5913-8611　FAX03-5913-8011
http://miraipub.jp　E-mail : info@miraipub.jp
発　売　星雲社
東京都文京区水道 1-3-30 〒112-0005
TEL03-3868-3275　FAX03-3868-6588
編　集　諸井和美
装　幀　堀川さゆり
印刷・製本　株式会社上野印刷所
落丁・乱丁本は弊社宛にお送りください。
送料弊社負担でお取り替えいたします。

ISBN978-4-434-23906-9 C5095